ペリリュー玉砕

南洋のサムライ・中川州男の戦い

早坂 隆

文春新書

1222

ペリリュー玉砕　南洋のサムライ・中川州男の戦い●目次

序章　両陛下のご訪問　10

第一章　頑固だが純粋な「肥後もっこす」　17

西南の役／文次郎の結婚／州男の誕生／南関町への転居／次兄との思い出／父からの教え／尋常小学校入学／旧制玉名中学への進学／校内誌への寄稿／演説会での登壇／卒業後の進路

第二章　閑職からの復帰　41

陸軍士官学校／結婚／学校配属将校制度の導入／配属将校時代／一枚の写真／原隊復帰／文次郎の死／華北への出征／陸軍大学校専科

第三章　満洲から南洋へ　66
親族との別れ／嫩江での生活／新任連隊長として／直筆の文書／過酷な雪中演習／防疫対策の実施／南方戦線への転進命令／ミツエとの別れ／旅順に集結／堀栄三の証言／尾池隆さんの体験／パラオ諸島の歴史／ある島民の回想／前駐日パラオ大使が語る日本時代／開戦後のパラオ／海軍兵士が見たコロール／島民たちの暮らし／三月空襲／行き先の変更／潜水艦との交戦

第四章　住民へ退避を指示　115
ペリリュー島へ／タピオカ事件／島内視察／第十四師団参謀長・多田督知／地下複郭陣地の構築／手作業による掘削作業／進む陣地構築／小畑英良中将の来島／マリアナ沖海戦／在郷軍人の召集／妻への手紙／ペリリュー地区隊戦闘指導要領／米軍の狙い／住民への疎開指示

第五章　アメリカ軍上陸　148
激化する空襲／元海軍上等水兵の証言／艦砲射撃／上陸前夜／上陸開始／オレ

ンジビーチ／バンザイ突撃の禁止／空しき赤十字旗／一発の砲弾／棒地雷／上陸二日目／夜襲の失敗／崩れる米軍側の計画／救援物資の運搬／逆上陸作戦

第六章　玉砕　190
ひるがえる星条旗／側近・烏丸洋一中尉／水府山での攻防／戦場にある錯乱／連合艦隊司令長官からの感状／相次ぐ御嘉尚／歩二電第一七一号／無線分隊長の証言／訣別電報／自決に関する謎／作戦終了／遺骨の行方

第七章　それぞれの八月十五日　224
終わらない戦い／飢餓地獄／二階級特進／終戦／引き揚げ／潜伏生活の終わり／嫩江の悲劇／戦後の兄たち／懐かしき再会／ミツエの晩年

最終章　「戦争に勝者も敗者もない」　251
戦後七十年／両陛下のパラオご訪問／白きアジサシ／一枚の木綿袋／オレンジビーチへ／皇后陛下との握手／島に残るご遺骨／地下壕への潜入／ナカムラ元

大統領が語る戦争／北原尾にて

あとがき　281
参考文献　286

編集部注

●引用文は一部、新字に改め、句読点、濁点、送り仮名、ルビを補い、人名、地名などの明らかな誤記については訂正を加えた。

●本文中の敬称は一部を省略した。肩書き、年齢は取材時のもの。

ペリリュー戦　関連年表

年	月日	事項
昭和 12 (1937)	7 月 7 日	盧溝橋事件（日中戦争勃発）
昭和 14	5 月 11 日	ノモンハン事件
昭和 15	9 月	**第 14 師団が満洲へ移駐**
昭和 16	12 月 8 日	真珠湾攻撃
	12 月 10 日	マレー沖海戦
昭和 17	6 月 5 日	ミッドウェー海戦
昭和 18	2 月 1 日	ガダルカナル島から撤退開始
	3 月	**中川大佐、第 14 師団歩兵第 2 連隊長に就任**
	4 月 18 日	山本五十六連合艦隊司令長官　戦死
	5 月 29 日	アッツ島守備隊　玉砕
	9 月 30 日	**井上貞衛中将、第 14 師団長に就任**
	10 月 21 日	出陣学徒壮行会　神宮外苑で挙行
	11 月 25 日	マキン島・タラワ島守備隊　玉砕
昭和 19	2 月 10 日	**第 14 師団、太平洋方面への派遣を命じられる**
	3 月 28 日	**第 14 師団、大連港より出陣**
	4 月 26 日	**中川連隊長、ペリリュー島に上陸**
	6 月 19 日	マリアナ沖海戦（中部太平洋の制空権と制海権を失う）
	7 月 7 日	サイパン島守備隊　玉砕
	7 月 25 日	**パラオ本島、ペリリュー島への空襲が始まる**
	8 月 11 日	グアム島守備隊　玉砕
	9 月 15 日	**米軍、ペリリュー島への上陸作戦を開始**
	9 月 23 日	**パラオ本島からペリリュー島への逆上陸作戦敢行**
	11 月 24 日	**中川連隊長自決、組織的な戦闘は終了**
	11 月 27 日	**米軍、ペリリュー島の作戦終了を宣言**
昭和 20	3 月 10 日	東京大空襲
	3 月 26 日	硫黄島守備隊　玉砕
	6 月 23 日	沖縄守備隊　玉砕
	8 月 15 日	敗戦
昭和 22	4 月 21 日	**島内に潜伏していた日本兵が投降**

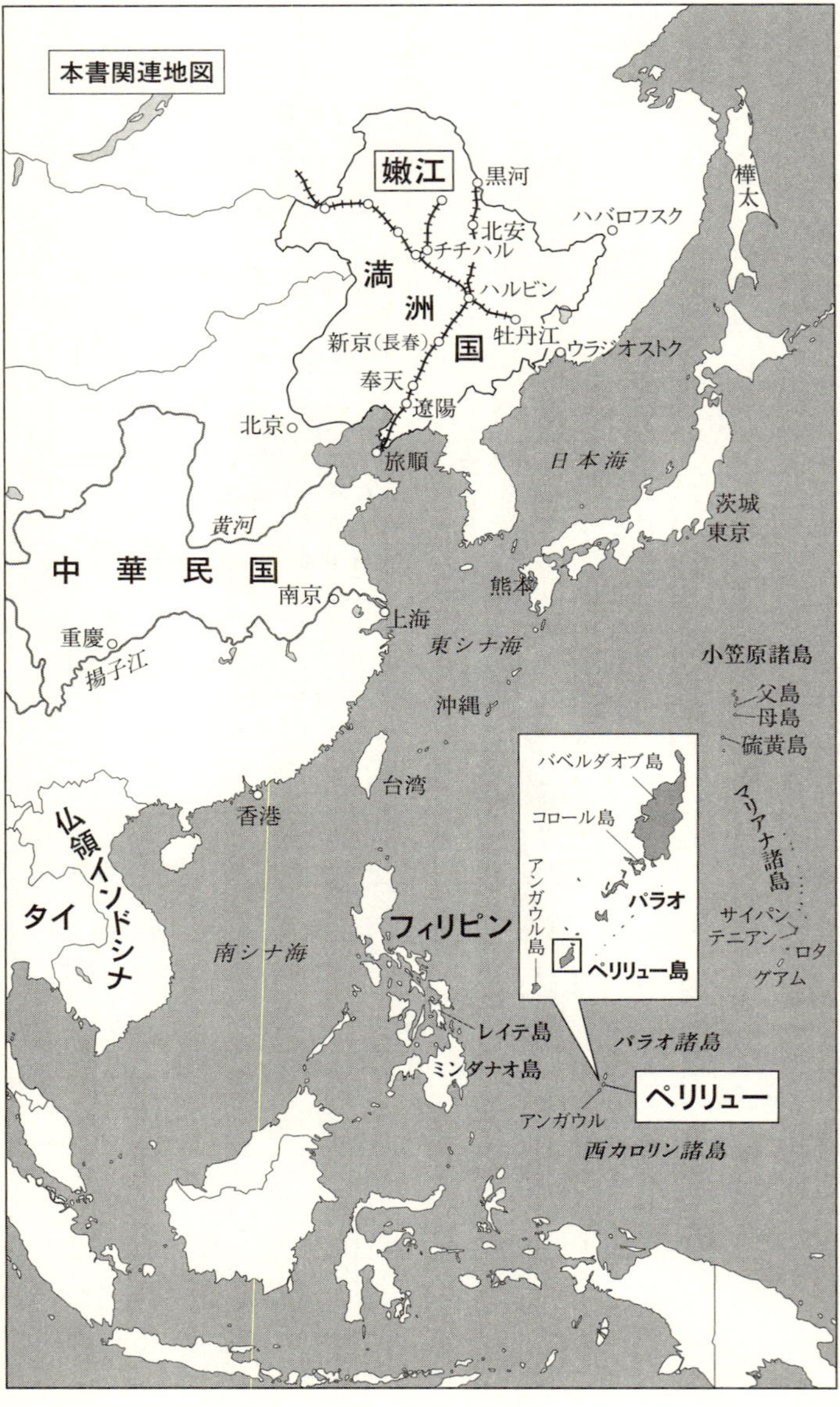
本書関連地図
嫩江
黒河
北安
ハバロフスク
樺太
チチハル
満
洲
国
ハルビン
牡丹江
新京（長春）
ウラジオストク
奉天
遼陽
北京
旅順
日本海
茨城
東京
黄河
中華民国
南京
上海
熊本
重慶
揚子江
東シナ海
小笠原諸島
沖縄
父島
母島
硫黄島
台湾
バベルダオブ島
香港
コロール島
マリアナ諸島
仏領インドシナ
アンガウル島
パラオ
タイ
フィリピン
サイパン
テニアン
ロタ
南シナ海
ペリリュー島
グアム
レイテ島
パラオ諸島
ミンダナオ島
ペリリュー
アンガウル
西カロリン諸島

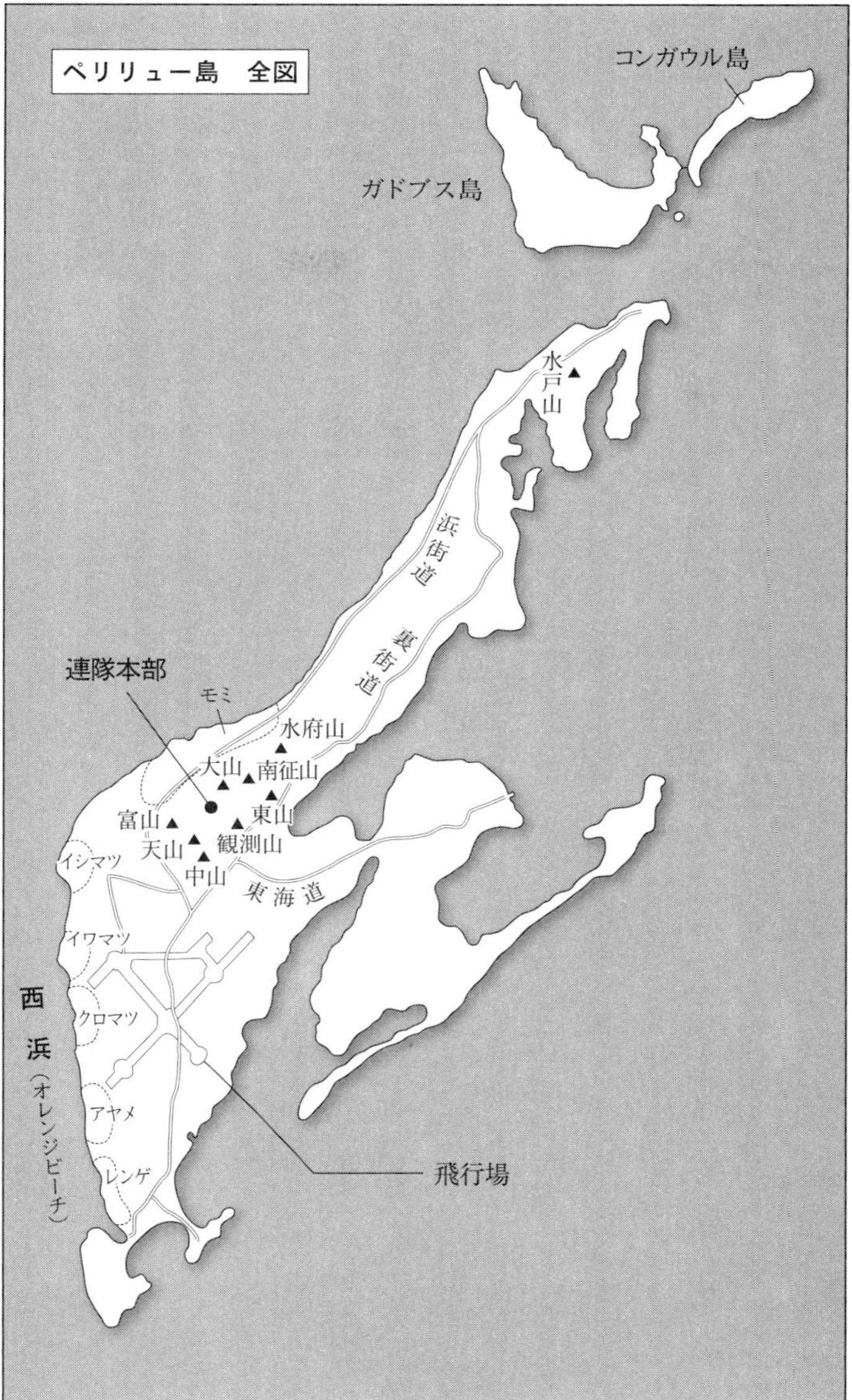
ペリリュー島　全図
コンガウル島
ガドブス島
水戸山
浜街道
東街道
連隊本部
モミ
水府山
大山
南征山
東山
富山
観測山
天山
中山
イシマツ
東海道
イワマツ
西浜（オレンジビーチ）
クロマツ
アヤメ
レンゲ
飛行場

序章　両陛下のご訪問

平成二十七年（二〇一五年）四月八日、パラオ共和国のロマン・トメトゥチェル国際空港から伸びる幹線道路の沿道には、無数の小さな「太陽と月」があった。

パラオの国旗は、日本の日章旗に近似した図柄の「青海満月旗」である。海を表した明るい青地に、光り輝く満月を配したこの国旗は、「月照旗」と呼ばれることもある。一九八一年、パラオに自治政府が発足した際、日章旗とよく似たこの国旗が正式に制定された。日章旗と月照旗の相似には、両国の歩みが集約されている。

天皇皇后両陛下（現・上皇上皇后両陛下。以下、同）のパラオご訪問は、「戦後七十年」の節目に行われた。私はこのご訪問に同行取材する僥倖に恵まれた。

同行記者団が乗った大型バスに対しても、「太陽と月」は盛んに振られていた。スマートフォンで車列を撮影する若い世代の姿も目立つ。この時、沿道の警備にあたっていた警察官の一人であるマッカーサー・ウーアムさん（38歳。年齢は取材時。以下、同）はこう振り返る。

「両陛下のパラオご訪問は、我が国が経験する最大級の行事でした。万が一の場合に備えて優秀な狙撃手を手配するなど、我々は入念に準備しました。もちろん、当日は大変な緊張感でした。私が驚いたのは、両陛下の車の速度が非常に遅かったことです。さらに、両陛下は窓を開けて笑顔で手を振りました。安全性を考えれば、窓を閉めてもっと速く走るべきなのです。私は思わず上司に『あれでは危ない！』と声を上げました。すると上司は『それが天皇の要望なのだ』と答えたのです」

パラオ国民の歓迎ぶりについて、地元紙「ティア・ベラウ」でチーフエディターを務めるオンゲルン・カンベス・ケソレイさん（46歳）は、次のように表現する。

「両陛下が車の窓を開けて笑顔を見せたことは、パラオ国民に極めて強い印象を残したと思います。あの日は、パラオにとって歴史的なイベントでした。十年前、『日本の天皇がパラオに来る』という情報が広く流れましたが、結局は実現しませんでした。私たちは十年間も待っていたのです」

「戦後六十年」の折、両陛下はパラオを含む太平洋諸国を巡る慰霊の旅をご希望されたが、警備やインフラ上の問題から、最終的にはサイパンのみのご訪問となった。ケソレイさんが続ける。

「今回は本当に両陛下がパラオを訪れたということで、国民はみんな喜んでいます。戦争を知る年長の方は、天皇と言えば『ヒロヒト』の名前を思い出すでしょう。若い世代も年長者から『日本の統治時代は良かった』と聞いて育っています。戦前の日本はパラオに道路や港、病院などをつくっただけでなく、人々に教育を与えました。戦後も日本は多くの投資や援助を続けてくれました。日本とパラオは、歴史的に深い関係性のある国。パラオにとって日本は『兄』のような存在なのです」

「兄」という言葉を聞けば、両国の国旗の近似性も得心が行く。

◆

翌九日、両陛下は宿泊先の巡視船「あきつしま」から大型ヘリコプターを使って、パラオ南部に位置するペリリュー島に入られた。ペリリュー島は先の大戦時、実に一万人以上もの日本兵が散華した「玉砕の島」である。

島内での両陛下の移動には、マイクロバスが使用された。同島でも多くの小旗が両陛下をお迎えした。ただし、日章旗と共に振られていたのは月照旗ではなく、青地に鳥がデザインされたペリリュー州の州旗であった。

この小旗を用意したのは、青森県在住の横浜慎一さん（52歳）である。以前からペリリュー島での遺骨収集に携わってきた横浜さんは、旧知だった同州のテミー・シュムール知事から小旗についての相談を受けたという。

「州の財政が苦しいため、自前で小旗を用意するのが難しいという話でした。それで日本で寄付を募り、集まったお金でこの小旗を準備しました。布製にするか紙製にするかで悩んだのですが、『紙のほうが音が出るから良い』ということで紙製にしました」

両陛下は島の南端に位置するペリリュー平和公園内の「西太平洋戦没者の碑」をご訪問。巨大な石造りの慰霊碑の前に白菊の花束を一束ずつ手向けられ、深々と拝礼された。碑の南側に広がる紺碧の溟海から、時おり波の音が届いた。

その後、両陛下は参列者とのご懇談に臨まれた。両陛下が最後にお話をされたのは、ペリリュー戦からの生還者である元海軍上等水兵・土田喜代一《きよかず》さん（95歳）である。私はそれまでに土田さんとは東京で二度ほどお会いしていた。日本を発つ前、土田さんは、

「陛下がパラオに行けば、どれだけ英霊が感激されるか」

と話していた。ペリリュー平和公園内の待機所で両陛下のご到着を待っている際、土田

さんは、

「失礼がないようにとの心配もありますが、わくわくしております」

と笑顔だった。

ところが、実際に両陛下を目の前にした土田さんの表情には一切の笑みもなく、そこには凛とした気の漲《みなぎ》りがあるのみだった。土田さんは一瞬、座っていた椅子から立ち上がろうとしたが、両陛下が屈んでお話を交わされた。陛下は、

「ご苦労さまでした」

とのお言葉で、土田さんの苦労を偲ばれた。土田さんは引き締まった顔を保ったまま、ほとんど頷くことしかできなかった。南国の強い日差しに照らし出された土田さんの横顔は、かつての一兵士の表情に戻っているようにも見えた。

その後、両陛下はマイクロバスに戻られた。両陛下は車内に乗り込まれても着座することなく、それどころか車体が動き出してもなお、立ったまま参列者の方々に手を振られていた。両陛下の視線の先に目を転じると、そこには二本の杖を大きく打ち振る土田さんの穏やかな笑みがあった。

私はそんな土田さんの姿を見ながら、かつてこの島から発信された「サクラ、サクラ、

サクラ」という言葉を改めて噛み締めていた。

ペリリュー戦とは、幾つかの意味で異色の戦闘であった。約一万人の日本軍守備隊に対して、米軍の総兵力はおよそ四万二千人。戦力の差は明らかであったが、日本軍は島じゅうに張り巡らせておいた地下壕を駆使して徹底抗戦を試みた。結果、米軍最強と謳われた第一海兵師団は、「史上最悪の損害」を被《こうむ》ったとされる。

それは驚異的な奮闘であった。昭和天皇からは「お褒めのお言葉」である御嘉尚（御嘉賞）が実に十一回も贈られた。これは先の大戦を通じて、極めて異例のことである。

七十四日間に及ぶ激戦の末、日本軍守備隊は玉砕したが、地下壕を利用したその戦い方は、その後の硫黄島や沖縄での戦闘にも影響を与えたと言われている。

そんなペリリューの戦いを指揮した守備隊長が、中川州男《くにお》大佐である。そして、

中川州男大佐

中川が地下壕内で自決を遂げる前、集団司令部に宛てて打電した最期の言葉が「サクラ、サクラ、サクラ」であった。

だが、実はその後も銃声は鳴り止まなかった。わずかな残存兵が地下壕に籠もり、ゲリラ戦を継続したのである。その戦いは、なんと敗戦後の昭和二十二年（一九四七年）四月まで続いたのだった。

ペリリュー戦とは、そんな未曾有の戦いであった。

◆

天皇皇后両陛下の行幸啓《ぎょうこうけい》により、ペリリュー戦の存在は以前よりも世間に知られるようになった。しかし、その実態には不明な部分が多く、特に守備隊長であった中川の生涯に関しては、そのほとんどが明らかにされていない。それは不思議なほどの「空白」のように私には思えた。私は少しでもその奇妙な空白を埋めたいと思った。

中川州男とは一体、どのような人物であったのか。いかなる意思によってペリリューの戦いは行われ、そして終わりを告げたのか。

「サクラ、サクラ、サクラ」という言葉の背景を探る旅が、こうして始まったのである。

第一章　頑固だが純粋な「肥後もっこす」

西南の役

ペリリュー戦を主題とする本書の第一章を、西南の役から書き始めることになるのも日本史の妙味である。

明治十年（一八七七年）二月十五日、西郷隆盛を擁する薩摩士族らが挙兵し、明治政府軍と対峙した。世に言う西南の役の勃発である。

二月二十五日、薩摩士族と共闘する熊本隊は、熊本県の北部に位置する高瀬町の近辺で政府軍と衝突。この「高瀬の戦い」は三日に及ぶ激戦となったが、その戦場の中に「中川文次郎《ぶんじろう》」という一人の若き青年がいた。

その時、満年齢で十六歳。後に中川州男の父親となる人物である。

文次郎は幕末の万延元年（一八六〇年）十月十六日、熊本城の城下にて生まれた。中川家は代々、熊本藩の藩士という家系であったという。石高は五百石であったという。

しかし、明治維新によって江戸幕府が倒れると、中川家の暮らしも一変。士族にとって、混乱の時代の幕開けであった。

そんな中、文次郎は十代の前半にして敬神党に入党した。敬神党とは旧熊本藩の士族たちから成る組織で、明治政府への抵抗を強く主張した一派である。国学や神道を重視する敬神党の中で、文次郎は思想の根幹を培った。

しかし、明治八年（一八七五年）、中川家はそれまで暮らしていた熊本城下の武家屋敷から、県北に位置する玉名郡の川島村（後の豊水村《とよみずむら》）へと転居。熊本の中心地から六里（約二十四キロ）ほど離れた村への移住であった。

文次郎の父親である千前《ちさき》は、国学や漢学に広く通じた人物であったが、武士の身分を失った彼が新たな生業《なりわい》として選んだのは教育の分野であった。千前は川島村に私塾を開き、子供たちに学問を教え始めた。以降、千前は教育関係の仕事に専心していくことになる。この転居によって、文次郎は敬神党とも距離を置かざるをえなくなった。

そんな中で起きたのが、西南の役であった。文次郎はすぐにこの戦いに駆けつけた。熊本城下を離れても、文次郎の理念はずっと敬神党と共にあったと考えられる。

だが、高瀬の戦いは、最新兵器を取り揃えた政府軍の優勢であった。奮闘むなしく、熊本隊は苦戦に陥った。

結局、薩摩軍も熊本隊も大きく後退。この敗戦が転機となり、以後、西郷は自決への道を歩んでいくことになる。

文次郎もその後の戦闘において、背中や左腕を負傷。政府軍側に捕えられた。しかしその後、まだ年少であることを理由に釈放されたという。こうして文次郎は、深い失意を抱えたまま川島村に戻った。

すなわち、中川州男の父親は、天皇の「征討の詔《みことのり》」によって敗れ去った軍の一兵士であったということになる。後に州男が皇軍の指揮官となり、その守備した地が「天皇の島」と呼ばれるようになることを考えると、この事実は歴史の皮肉に映る。

しかも、この話にはさらにもう一つの因縁が加わる。実は西南の役における政府軍の主力の一部として熊本などを転戦したのが、明治七年（一八七四年）創設の歩兵第二連隊であった。後に州男はこの歩兵第二連隊の連隊長として、ペリリュー島で戦うのである。

こうした家族史の存在は、州男の生涯を理解しようという試みの中で、見逃せない側面である。賊軍とされた父親の無念を晴らすことが、皇軍将校として極めて軍務に忠実であった州男の動機の背景にあったとしても不思議ではない。また、かつて父と対峙した連隊の指揮官となるにあたっては、相当な覚悟を要したことであろう。このような父子関係から生じた決意や情念が、ペリリュー戦における驚異的な精励に繋がった部分も少なからずあったのではないか。

西南の役とペリリュー戦の間に繋がる、興味深き一本の糸である。

文次郎の結婚

西南の役が終結した後、九州の地は徐々に平穏な雰囲気を取り戻していく。

千前が私塾を始めていた影響で、戦場から帰った文次郎も教職の道を進むことになった。以降、文次郎は幾つかの小学校で教師を歴任する傍ら、自らも漢学の塾を開くなど、地域の子供たちの教育に力を注ぐようになっていく。

明治十八年（一八八五年）三月、文次郎は岡松マルと結婚。

岡松家は幕末までは武士であったが、マルの父親である敬甫は維新後、玉名郡の伊倉村で蘭学医となった。そんな岡松家の一人娘であるマルが、中川家に嫁いだ。後の州男の母親である。

州男の性格に関する証言や回想には、「寡黙」「無口」といった言葉がしばしば出てくるが、それは母親似の気質であったのかもしれない。マルは口数の少ない人であったと伝わる。

マルの出身地である伊倉の辺りは、現在ではやや寂れた地域になっているが、かつては大陸との貿易で栄えた港町であった。戦国期にはキリシタン大名である大友宗麟の影響で、キリスト教が広く浸透。近代に入ると教育に熱心な場所となり、文教地区として栄えた。

そんな伊倉の地において、岡松家は有名な存在であった。マルの兄である真守は攻玉舎という私塾を開き、多くの塾生を抱えた。

真守の功績を称えるために明治四十年（一九〇七年）に建立されたという石碑が残っている。これはその前年に亡くなった真守を顕彰するため、残された者たちが建てた碑であるという。

漢文で刻み込まれた碑面の文字は、長い年月の経過によって判読できない部分も多いが、真守を指して「学徳導人」「無求尽世」と表していることが読める。教え子が五百人に及んだという旨も記されている。

維新後の激動期において、元藩士の中川家が教育を新たな生業として選んだのは既述の通りだが、州男の母方の家系である岡松家も、よく似た道を歩んだ家であったことがわかる。両家ともに教育を重んじる家風であった点は、やがて生まれてくる州男の人格形成に大きな影響を与えたであろう。

後の話になるが、陸軍士官となった州男も、部下の教育にはひときわ熱心だったとされる。そのような気質の背景には、両家の血脈に由来するものがあったに違いない。

州男の誕生

明治十九年（一八八六年）一月二日、文次郎とマルの間に、長男となる斎《いっき》が誕生。斎は後に教育者、郷土史家といった肩書きで活躍する人物である。

明治二十二年（一八八九年）には長女のサナミ、明治二十五年（一八九二年）には次女のヤチヨが生まれた。この時期、中川家は何度か転居を繰り返した。

日清戦争下の明治二十八年（一八九五年）三月二十六日には、次男となる道之《みちゆき》が誕生。成人後の道之の写真を見るとかなりの痩身だが、生まれた時は丸々とした大きな赤ん坊だったという。

日清戦争は同年四月に終結。この戦争に勝利した日本は以降、国民国家として一層の近代化を目指していくことになる。

そんな時代の中で迎えた明治三十一年（一八九八年）一月二十三日、三男の州男がこの世に生を享けた。州男と長男の斎とは、実に十二歳もの年の差があった。

州男の「州」の字には、その読み通り「国」の意味が含まれる。この名には「国のために生きることができる男になってほしい」という文次郎の願いが込められていたとされる。西南の役に敗れてもなお、文次郎の国を思う気持ちは不変であった。

州男の本籍地は「熊本県玉名郡玉名町大字岩崎一〇三四番地」である。この地を現在の地図で確認すると、玉名市のほぼ中心部にあたる。近くには菊池川が流れ、九州旅客鉄道（ＪＲ九州）鹿児島本線の玉名駅も徒歩圏内である。中川家が暮らしていた時期にもこの駅はあったが、当時は九州鉄道の高瀬駅という名称であった。かつて文次郎が参戦した「高瀬の戦い」のあった場所からも程近い。

明治三十五年（一九〇二年）二月二十日には、三女となるミヲが誕生。結局、中川家は三男三女に恵まれた。文献の中には「州男に弟がいた」とする記録があるが、これは誤りである。

南関町への転居

この当時、文次郎は伊倉小学校で校長の役職を務めていた。しかし、一家はその後、玉名郡の南関町《なんかんまち》に転居する。文次郎が南関実業補習学校の校長に転勤となったための転居であった。

南関町は中川家がそれまで暮らしていた玉名町の中心部から、北方の山間部に向かって直線で二十キロほど離れた地域で、熊本県と福岡県の県境に位置する。鉄道の駅も近い市街地から、のどかな山あいの町への転居であった。

実業補習学校とは、初等教育機関（小学校）の補習機関で、明治二十年代頃から全国的に設置された。生徒の対象は、中学校などの中等教育に進学することなく勤労に従事した青少年である。科目は修身、習字、読書、美術などであった。

この転居の際、道之は尋常小学校の二年生、州男はまだ就学前であった。一方、長兄の斎は祖父や父親と同じ教職の道に進み、すでに玉名郡の大浜小学校で准訓導の職に就いていたため、南関町には移らなかった。訓導とは教諭のことである。

緑豊かな山々に囲まれた南関町には、中世に創建された古い寺院が点在する。加藤清正の時代には鷹原城《たかのはる》（南関新城）が築城されたが、その後の一国一城令によって廃棄された。

江戸時代には関所の町として栄えたが、明治維新後には役場や郵便取扱所、警察署などが次々に置かれた。そんな歴史を有する山あいの町に、中川家は転居した。

ちなみに「日本のマラソンの父」と呼ばれる金栗四三《かなくりしそう》は、この南関町の隣の春富村の出身である。年齢は、州男より金栗が七つ上にあたる。

中川家はこの地にとっての「新顔」であり、次兄の道之はそれまでに住んでいた玉名町を思って寂しく感じた部分もあったようである。南関町に中川という名字はほとんどなかったという。

しかし、まだ就学前の州男は、すぐに新天地に馴染んでいった。州男にとっては、この南関町こそが故郷となる。

そんな中川家だが、その暮らし向きは決して裕福なものではなかった。総じて明治期の元藩士たちの暮らしは、それまでの安定した生活とはかけ離れたものであった。道之は当時の生活について、私的な手記にこう綴っている。

〈一時金の公債もまたたく内に費消。漸く、糊口をつなぐ貧困のくらし〉

次兄との思い出

州男にとって、兄弟姉妹の中で最も仲が良かったのが次兄の道之であった。少年時代の州男は、三つ年上の道之と多くの時間を共にした。道之の次女である中川澄子さんはこう語る。

「父と州男さんは年が近いため、いつも一緒に遊んでいたそうです」

道之が残した手記の中には、幼い頃の州男との思い出話がしばしば登場する。一つの逸話を紹介したい。

秋空が美しく広がるその日、二人は朝から連れ立って裏山へと向かった。頂上を目指して山登りをしようというのである。

二人はやがて山頂に到着。兄弟はしばらくその眺望に見惚れていたが、そのうちに二人は、

「あの海へ行きたい」

ということで一致した。

しかし、頂上からは近くに見えたとしても、海までは相当な距離があることを、まだ幼い二人は知らなかった。なんとか海岸までたどり着いたのは、午後一時を過ぎた頃だった。

腹もだいぶ減っていたが、弁当も小銭も持っていない。それでも二人は空腹を堪えながら、「海まで行った証拠」として貝殻などを拾い集めた。

その後、ようやく帰途についた。だが、帰り道は登り坂であり、日もどんどん暮れていく。道之はこの時の州男の様子を、次のように表現する。

〈これまで、どうにか、我慢をして、足を運んでいた弟も、我慢し切れなくなって来た。いくら強がりの向こうみずと言っても、まだまだ七才位の子供だし、そう辛抱出来る筈がない。兄さん、ひもじいと言い出す〉

道之は幼少時の州男の性格を「強がりの向こうみず」という言葉で表している。兄からの貴重な「証言」の一つである。「兄さん、ひもじい」とこぼす州男の姿が何とも愛らしい。ちなみに、文中の「七才位」というのは、数え年であると思われる。

二人は泉で水を飲んだりしながら、懸命に我が家を目指した。しかし、ついに二人はその道すがら、しくしくと泣き出してしまったという。

一方その頃、中川家でも「二人が戻らない」ということで大騒ぎになっていた。消防隊も出動し、山じゅうを探していたのである。

そんな時、ようやく二人が帰ってきた。両親の顔を見た二人は、ただただ涙を流したという。

道之と州男、幼少時の思い出の一齣である。中川家の人々と、その周囲の町の雰囲気が優しく伝わってくるような逸話と言えよう。

父からの教え

両親から愛情豊かに育てられた州男だが、父・文次郎のしつけには厳しさも同居した。道之の次女で、州男の姪にあたる澄子さんは言う。

「州男さんが幼かった頃、何かの原因で随分と泣いていたことがあったそうです。すると、それを見た文次郎さんが、州男さんを近くの川まで連れて行き、衣服を脱がせて川の中に投げ込んだというんです」

州男は必死に泳いで岸へと上がったが、文次郎は、

「こっでよか（これでよい）」

とだけ言い、その場を立ち去ったという。現在であれば非難の集まりそうな話であるが、

文次郎は息子に対して、男としての強さや自立心を教えたかったのであろう。

ただし、文次郎は単に厳しいだけの父親ではなかった。実は文次郎はこの時、自身の兵児帯を解き、いつでも川に飛び込める準備をして州男を見守っていたという。

「親」という字は「木の上に立って見る」と書く。そんな父性が日本にいまだ濃密に漂う時代であった。文次郎は事あるごとに、

「男は泣くな」

「恥を知れ」

などと州男に教えたとされる。このような父からの戒めが、州男の精神の土台を養ったに違いない。

尋常小学校入学

明治三十七年（一九〇四年）の春、州男も尋常小学校に入学する。

従来の資料では、州男がどの尋常小学校に在籍したのか、判然としなかった。当時、南関町には複数の尋常小学校があったが、州男が通ったのはどの学校だったのであろうか。

この点について、玉名市の小学校の校長などを長く務めた隈部国和さんに話を聞いた。

「現在、南関町には小学校が第一小学校から第四小学校までありますが、中川さんが通学した明治の後半という時代から類推すると、今の第一か第三のどちらかではないかと思います。第一小学校は南関町の中心部にある学校で、明治時代には南関尋常小学校という名前でした。第三小学校はかつては大原尋常小学校と言いましたが、大原地区は豊前街道の道筋で昔から私塾が多く、文教地区だったという話です。中川さんの父親は教育者でしたから、この大原地区に住んでいた可能性もあると思います」

私はまず両校に電話で問い合わせた。しかし、どちらも「わからない」という返答だった。私はその後に直接、南関町立南関第三小学校を訪問したが、手がかりとなるような資料を見つけることはできなかった。

その日の夕刻、ホテルに戻った私のもとに一本の連絡が入った。それは南関町立南関第一小学校からの電話であった。

「名簿に名前がありました」

私はすぐに同校へと向かった。同校の平山浩治校長が、校舎の玄関先まで出迎えてくれた。通された校長室で私は早速、一冊の台帳を見せていただいた。

右側を紐で綴じられた台帳の色褪せた表紙には、「明治三十三年四月改　卒業証書臺帳南関尋常小学校」との墨書きがある。滲んでいる部分もあるが、文字は充分に判読できる。台帳を丁寧にめくっていくと、証書番号の「第一七五号」の欄に「中川州男」の文字を間違いなく確認することができた。

さらに、生年月日として「明治三十一年一月二十三日」とあり、戸主族籍姓名の欄には「中川文次郎」と記されている。生年月日と父親の名前も一致していることから、同姓同名の別人である可能性は排除できよう。

南関町立南関第一小学校は、明治六年（一八七三年）九月、育英堂という校名で設立されたのがその発祥である。明治二十年（一八八七年）、南関小学校に改称となった後、明治三十四年（一九〇一年）に関東小学校、関外目小学校と合併して現在地の関町に移転。校名を南関尋常小学校へと改めた。校長の平山さんはこう話す。

「恥ずかしながら、中川さんが我が校の卒業生であるということは、今まで知りませんでした。今回、名簿を調べてみて初めてわかった次第です。この名簿に名前があるということは、我が校の卒業生で間違いありません」

平山さんが続ける。

「この学校に通われていたのであれば、中川さんのお住まいは関町にあったということにもなります」

関町は鷹原城のあった地域である。歴史ある城跡の近くで、中川家は暮らしていたことになる。城跡が州男の遊び場だったのかもしれない。

旧制玉名中学への進学

尋常小学校の修業年限はその発足以来、四年間であった。しかし、明治四十年（一九〇七年）に小学校令が一部改正となったことにより、年限は六年間に変更となった。州男が同校を卒業したのは、明治四十三年（一九一〇年）三月二十六日のことである。同年四月、州男は旧制の熊本県立玉名中学校（現・熊本県立玉名高等学校）に入学。満十二歳の時である。

しかし、玉名中学校が位置するのは当時の高瀬駅の近隣で、南関町に転居する以前に中川家が住んでいた家の近くであった。つまり、南関町の自宅から同校までは、二十キロほども離れていた。そのため州男は、伯父の故・岡松真守の友人だった人物の家に下宿することになった。石貫村の富尾という場所である。

こうして、州男は南関町を出た。新たな青春の始まりである。

州男は同校で剣道部に入部した。州男は幼少時から剣道を習っていたが、これは元武士という家系の矜持だったのであろう。腕前もかなり自信があったという。

また、州男は漢学が得意であったが、これも中川家の家風の影響と言えよう。しかし、書道は苦手で、州男は自分の悪筆を気にしていたという。

そんな州男は、頑固だが純粋で、曲がったことを嫌い、意地と正義感が強いという「肥後もっこす」を体現したような青年であったと言われる。

校内誌への寄稿

旧制玉名中学の発祥は、明治三十六年（一九〇三年）に開校した熊本県立熊本中学校玉名分校にまで遡る。明治三十九年（一九〇六年）には、熊本中学から独立し、校名を玉名中学校に改めた。

州男は同校の第八期生だったが、先輩の第三期生には「日本のマラソンの父」こと金栗四三がいた。ただし、二人が同時期に通学していたわけではない。旧制中学は五年制である。

金栗が「日本初のオリンピック選手」としてストックホルム五輪に出場したのは、州男が同校の三年生の時であった。おそらく母校は大変な騒ぎになったと思われるが、州男もその中にいたことになる。

現在の玉名高校には、歴史資料室という一室がある。同校の田中康一郎教頭はこう話す。

「歴史資料室では多くの文献を保管している他、我が校の歴史や卒業生について紹介するスペースも設けられております。しかし、残念ながら中川さんに関する展示は今のところありません。資料も残っていないと思います」

だが、同室に収蔵されていた戦前の記録を渉猟した結果、「中川州男」の名前を古い資料の中から幾つか発見することができた。

その資料というのは、同校の校内誌「校友会雑誌」である。校友会雑誌は戦前から刊行されていたが、資料室内には同誌の大半が保管されていた。その色褪せた誌面の中に、州男が寄稿した文章を見つけることができたのである。

その一つが「阿蘇紀行」と題された記事であった。これは修学旅行に関する旅行記で、三年生の複数の生徒たちの分担によって執筆されたものである。当時の玉名中学では学年ごとに修学旅行が実施されていたが、州男が三年生のページの中の一章分を担当しているのであった。

「栃木より大津へ」と題されたその旅行記には、南阿蘇にある「鮎返ノ滝」を見学した時の情景として、次のように記されている。旧制中学時代の州男が綴った貴重な文章である。

〈鮎返の瀑を見る。白川の末流茲《ここ》に至りて轟然として落下し、一大瀑布を懸《か》く。両岸には紅葉の錦を綴り、怪岩削立し、水煙朦朧として立ち昇り、百雷の一時にはためくかと疑わる。実に阿蘇山下屈指の雄観たり〉

一読して、漢文の素養を窺わせる文章である。州男の父親である文次郎や、長兄の斎は漢文に深く通じていたが、州男も幼少時よりその基礎が鍛えられていたことが類推できる。

さらに州男は二年後の五年生の時にも、同じく修学旅行記を寄稿している。五年生の行き先は鹿児島であった。鹿児島からの帰りの列車内の光景について、州男は滑らかにこう書く。

〈数日の旅行に疲れて眠るあり、鹿児島にて買い求めし本を読むあり、薩摩言葉を真似て面白く打興《うちきょう》ずるあり、或《あるい》は車窓より遥かに霧島山の雲表に聳《そび》ゆるを顧望《こぼう》して回顧に耽《ふけ》るあり、我も亦《また》始めて薩州の地を踏み、大西郷以下、月照、大久保などの墓に詣で、又親しくその遺跡を見て、維新当時の彼等を想見せずんばあらざりき〉

鹿児島では、維新に関する史跡を多く散策したようである。既述の通り、州男の父親である文次郎は、西郷方に付いて西南の役を戦った過去を持つ。州男は維新ゆかりの地を巡りながら、どのような感慨を抱いたのであろうか。

また、熊本に戻る列車内の描写からは、いかにも楽しそうな青春の雰囲気が穏やかに伝わってくる。

校内誌にこうした文章を二度も寄稿しているということは、州男が文学的な関心や感受性を高く持っていた様子を窺わせる。後に妻帯した州男は、戦場から夫人に多くの手紙を書き送っているが、彼の意外に筆まめな一面は青年時代からあったようである。

ちなみに、長兄の斎は郷土史家として数多くの文章を残している。また、次兄の道之に関して、その次女である澄子さんはこう語る。

「父は必要最低限のことしか喋らない性格でしたが、自分の奥さんにさえ口では言わず、手紙に書いて思いを伝えたりする人でした」

そのような兄たちの性格からも、州男が文章を書くという行為に関して一定以上の素養を持っていたことは、充分に察せられるであろう。

演説会での登壇

年一回発行の「校友会雑誌」には毎号、各年度の「精勤者」の名前が列記されている。州男は二年生から四年生まで、同欄に名を連ねている。

また、大正三年（一九一四年）十二月十日に発行された同誌の第五号には、校内で開催された「第十七回講演会」の模様が記されているが、同記事によるとこの時、五年生の州男も登壇して弁舌をふるったようである。同記事には、州男の演説時の様子として、以下のように書かれている。

〈二七、勉強の価値（邦語談話）　五ノ二　中川州男
両手を挙げて説明を補綴《ほてい》し、時に案《つくえ》を敲《たた》いて語勢を足し、或は卑説を以て恂々《じゅんじゅん》として勉強の価値の多大なるを聴衆に説き拍手喝采の裡《うち》に下壇す〉

このような講演会への参加は、州男が校内で積極的に青春を謳歌していた様子を感じさせる。また、「勉強の価値」という演題には、教育を重視する家柄の中で育った州男らしさが滲む。

さらに、同誌の「学科競争試験受賞者」の欄には、英語科の「一等賞」のところに「第五学年　中川州男」の名前がある。これらの記事を見ていくと、州男が総じて優秀な学生だった事実が認められよう。

一方、州男に関する従来の資料には「剣道部で活躍した」という記述が少なくないが、同誌の部活動の大会記録を見ても州男の名前は出てこない。当時の剣道部はかなりの部員数を抱えていたようで、大所帯の中で代表選手として活躍することは、腕に自信のあった州男でも難しかったようである。

卒業後の進路

そんな州男も、自らの将来を真剣に考える時期を迎えた。

繰り返しになるが、州男の祖父である千前も、父親の文次郎も教育者であった。長兄の斎もすでに教職の道に進んでいたが、州男はこの年の離れた兄のことをとても尊敬していたという。

そんな「教育一家」の中で、州男も教師への憧れを募らせた時期があったようである。しかし、州男は結局、教職の道には進まなかった。

州男が志向したのは、軍人への道であった。州男の姪にあたる中川澄子さんはこう語る。

「私の父である道之の話だと、当時の中川家は本当にお金がなくて大変だったそうです。元藩士とは言っても、かなり貧乏だったという話でした。維新の前までは武家として安定した生活をしていたのでしょうが、時代が一変したわけですよね」

澄子さんが苦笑を交えながら続ける。

「文次郎さんが凄くお酒を飲む人だったようです。お酒を飲むと明るく朗らかで、悠々とした人だったらしいのですが、周りの家族はかなり苦労したと。そんなこともあって、お金には余裕がなかったようですね。それで州男さんは、軍人の道を選んだという話です。ちなみに、私の父も州男さんも、そんな文次郎さんの姿を見て、『絶対にお酒を飲んではいけない』と決心したそうです。実際、父はお酒を飲みませんでした。州男さんもお酌くらいはしたでしょうけれど、いわゆる大酒飲みではなかったと聞いております」

後のペリリュー戦における勇壮な戦いぶりから、州男には酒豪のイメージがあるかもしれないが、実像は違ったようである。

それはともかく、そんな苦しい生活環境の中で、州男は陸軍の将校を目指す道を選んだ。陸軍士官学校への進学である。同校の授業料は無償であった。

大正四年（一九一五年）三月、州男は玉名中学を卒業した。

この卒業時に校舎の前で撮られた集合写真を、玉名高校の図書室の書庫で見つけることができた。学ランに制帽姿の州男は、前から四列目、向かって右から六人目の位置に立っている。周囲の学友に比べて背が高い。身体をやや斜めに構え、眉間に深い皺を寄せて、右斜め前の辺りに鋭い視線を向けている。いかにも意志の強そうな眼光である。

旧制玉名中学卒業時の中川州男

第二章　閑職からの復帰

陸軍士官学校

大正四年（一九一五年）十二月、中川州男は士官候補生として、福岡県の久留米市にある歩兵第四十八連隊に入隊した。陸軍士官学校への難関試験を突破した中学校卒業者は、「隊付士官候補生」の期間を経て同校に進んでいくことになる。

この当時、同連隊に在籍していた古思了《こしりよう》は、中川について次のように記している。古思は後の陸軍少将である。

〈回顧すれば大正四年十二月中川州男君が士官候補生として若々しく元気で久留米の歩兵第四十八連隊に入隊された時、私はその中隊付古参中尉として訓育に当り〉（『闘魂・ペリリュー島』）

隊付士官候補生の課程を無事に終えた中川は、大正五年（一九一六年）十二月、晴れて陸軍士官学校に入校した。

中川の軍歴について、幾つかの資料の中には「陸軍幼年学校卒業」との記述のある文献が見られるが、それらは間違いである。本稿で述べた通り、玉名中学卒業後に陸軍士官学校に進んだという履歴が正しい。

陸軍士官学校は東京の市ヶ谷台上にある。上京した中川は、同地にある専用の寮で暮らし始めた。

同校は陸軍の将来を担う人材を育成するための機関であり、入学者たちは「将校の卵」として大切に育てられる。中川の同期生には、後に第十二方面軍参謀長となる高嶋辰彦や、後方勤務要員養成所（陸軍中野学校）を設立する岩畔豪雄《いわくろひでお》らがいた。

同校では軍事学はもちろん、幅広い高等教育が実施された。中川は東京での生活にもすぐに馴染み、個性的な同期生たちと厚い親交を結んだ。中川は彼らと共に、将校になるための厳しい研鑽の日々を送った。

大正七年（一九一八年）五月二十七日、中川は同校を卒業。第三十期生、卒業生数は六

百三十二名である。首席は高嶋辰彦であった。

中川の姪である澄子さんの自宅には、この時の卒業証書が今も大切に保管されている。「歩兵第四十八連隊士官候補生　中川州男」の文字に続き、「陸軍士官学校教則ノ課程ヲ履修シ定規ノ考試ヲ経テ正ニ其業ヲ卒ヘタリ茲ニ之ヲ証ス」との言葉が続く。

陸軍士官学校の卒業生は、半年間の「隊付見習士官」を務めた後、陸軍少尉を任官することになる。中川は見習士官として歩兵第四十八連隊に戻ったが、この時の中隊長は士官候補生時代の訓育係である古思了であった。古思は中川についてこう評している。

〈州男君は熊本県高瀬の出身で、父君は当時小学校の校長であり、御家庭の教養も床しく性質温厚寡黙にして堅忍不撓情誼を厚く、職責に誠実で、自ら衆望がありました〉（同書）

同年十二月二十五日、中川は歩兵第四十八連隊付として陸軍少尉を任官。以降、陸軍士官としての道をいよいよ歩み始めることになる。中川とは陸軍士官学校の同期生で、卒業時の首席でもあった高嶋辰彦は、当時の社会の雰囲気について後にこう記している。

〈思えばわれら三十期生が市ヶ谷台の母校を卒業してから半年間見習士官を勤め、十二月少尉に任官した、大正七年及びその後の一、二年は明治大正昭和と続く明治百年史の上でも特異の大変革期であった。（略）日本の各地に米騒動が起ったほど事態は緊迫し、全国庶民の貧苦は、二・二六事件当時に似たきびしさであった。任官日も浅い新品少尉達が、自らも容易でない生活苦に毅然として耐えつつも、市ヶ谷魂横溢の少壮青年将校として、何となくやるせない義憤に悩んだのも無理からぬことである〉（『陸軍士官学校第三十期生会「会誌」』）

当時の新米士官たちが抱えた心情について、理解を深めるための補助線となる文章である。中川もこれに近い思いを抱いていたのではないだろうか。

結婚

歩兵第四十八連隊で日々の部隊勤務に励んだ中川だが、大正九年（一九二〇年）五月には台湾歩兵第二連隊付を拝命し、初めての外地勤務となる台湾へと渡った。

大正十一年（一九二二年）三月、陸軍中尉に昇官。同年八月、歩兵第四十八連隊に復帰した。

この時点において、中川は陸軍大学校には進んでいない。陸軍の参謀や高級将校の養成機関である陸軍大学校は、二年以上の部隊勤務を経験した尉官級の中から、連隊長の推薦を得られた者にのみ受験資格が与えられる。陸軍における最難関の軍学校である。

同校に進まなかったということは、中川が「軍中央」や「軍官僚」を目指す道ではなく、最前線の戦場を職場とする「現場の人」への進路を歩み始めたことを意味する。

そんな中川は、大正十四年（一九二五年）十月五日に結婚。満二十七歳の時であった。

相手の名を平野ミツエという。この名前について「光枝」と表記する資料が大半だが、戸籍は「ミツエ」であったため、本書ではミツエで統一する。

ミツエは明治三十八年（一九〇五年）十二月二十八日の生まれ。中川の七つ年下である。ミツエの兄である平野助九郎少佐（後の陸軍少将）が、中川の上官にあたるという間柄であった。「上官の妹を娶る」という構図は、当時の陸軍では珍しくない光景だった。

ミツエの出身は、佐賀県の小城《おぎ》郡である。戦後、ミツエと多くの時間を過ごした中川澄子さんはこう語る。

「とにかく上品で優しい方でしたよ。ゆったりとした性格の人でした。あと、お料理がお得意で。ちらし寿司とか美味しかったですね」

そんなミツエが、夫である中川について綴った貴重な手紙が残っている。その手紙とは、中川の部下であった小川諭が、戦後にミツエから受け取ったものである。その文中で、ミツエは中川に関してこう書いている。

〈主人は実母に似て無口でしたが、実父のもつ愉快さもありささいなことに拘泥しない大きな気持ちの人でした。若いころは中隊長様からそのあだ名を〃太平洋〃といわれておりました〉(『水戸歩兵第二聯隊史』)

ミツエによれば、若き日の中川は「太平洋」とあだ名されていたという。そんな中川が、後に西太平洋の孤島で絶命することになるのは、あまりに皮肉である。ミツエは中川についてこうも記す。

〈健康には驚く程気をつけ〃お国にささげた命、大事に〃と独り言をいい、風邪一つひいたこともありません。趣味としては碁が好きで、また動物が好きでした。豊橋では知り合

いの方にお会いすると〝また動物園ですか〟と笑われたりしました〉（同書）

文中の「豊橋」とは、愛知県豊橋市のことであろう。豊橋には親戚がいたという。豊橋には明治三十二年（一八九九年）に開園した「安藤動物園」（現・豊橋総合動植物公園）があったが、中川はよくそこに通っていたようである。

中川の意外な一面と言えよう。

学校配属将校制度の導入

大正十四年（一九二五年）十一月、陸軍大臣・宇垣一成による軍縮が断行された。いわゆる「宇垣軍縮」である。この軍縮によって既存の四個師団が廃止され、約三万四千人もの将兵が軍籍を離れた。

この軍縮の一環として始まったのが、「学校配属将校制度」である。第一次世界大戦後、「総力戦」への意識が世界的に高まる中で、学校教育の現場に軍事教練を取り入れることは、各国で議論された課題であった。

そんな中、日本では後に「陸軍の至宝」と呼ばれる永田鉄山の主導により、この制度が導入された。同制度には、軍縮の影響を被った軍人への失業対策という側面もあった。こうして一定の官立や公立の学校には、軍から現役将校が派遣されるようになったのである。

中川の生涯も、この制度によって大きく変遷していく。昭和二年（一九二七年）に陸軍大尉に昇官し、歩兵第四十八連隊大隊副官に任じられた中川はその後、第十二師団司令部付で福岡県立八女《やめ》工業学校（現・福岡県立八女工業高等学校）に配属将校として赴任することになった。

これまでに記してきた通り、中川家は多くの教育者を輩出した家系であったが、中川も配属将校という肩書きで学校の生徒たちを相手にする職務に就いたことになる。教育という分野自体は、決して苦手な領域ではなかったであろう。

だが、配属将校を命じられたということは、陸軍内の出世競争という観点から言えば、本流からの離脱を意味するものであった。率直に言って、陸軍士官学校卒である中川は、陸軍内における充分なエリートではあるものの、さらに上の出世コースには乗れなかったということになる。

配属将校時代

現在、八女工業高校の同窓会顧問を務める石橋利徳さんは、昭和五年（一九三〇年）の生まれ。石橋さんは戦時下の同校に通った経歴を持つが、その時期は中川の配属時よりも後のことであった。よって中川と直接の面識があったわけではない。

しかし、石橋さんは中川の配属時代をよく知る人物から話を聞いたことがあるという。石橋さんの先輩にあたる江崎勝は、昭和十年（一九三五年）に同校の機械科を卒業した人物である。石橋さんによれば、この江崎が生前、八女工業時代の軍事教練について次のように話していたという。

〈当時、軍事教練は正課の一つで、週二～三回あり、授業には配属将校（著者注・中川）は参加されますが、ジーッと立って教練を見ておられるだけで、ご自身で教えられることはありませんでした。軍事教練の一切を取り仕切るのは、配属将校を補佐する退役軍人の教官で、私どもの時代は、蒲原倉市先生（大十二年～昭十一年）でした。（略）軍事教練は、主に兵卒の挙動を対象にしての教育ですから、尉官の経歴では充分に教えることはできないでしょう。これはヤハリ兵卒、下士官の経験のある人たちにだけできることだと思います〉（『黄櫨』四十号）

石橋さんは、自身の体験についてはこう語る。

「私は戦時中の昭和十八年に八女工業に入学しましたが、もちろんその時も軍事教練はありました。週に三時間程度ですね。実際に指導するのはやはり退役軍人で、配属将校はそれを見ているわけです。常に見張っているという感じでした。配属将校が直接的に指導するということは、私の時にもありませんでした」

石橋さんが続ける。

「私の在学中は前田さんという方が配属将校で、階級は中尉でした。中川さんは大尉だったんですね。普通は中尉がきますから、大尉での配属というのは珍しかったと思います。前田教官はとにかく怖くて、近寄りがたい雰囲気でした。一方、中川さんは生徒たちから『中蝦蟇《なかがま》さん』というあだ名で親しく呼ばれていたと聞いています。放課後には軍服を脱いで、生徒たちと剣道や柔道をすることもあったという話です。中川さんは、当時の配属将校としては異色の存在だったのではないでしょうか」

中川はさらに、学校恒例の二十キロマラソンにも参加したと伝わる。

「普通の配属将校は、生徒と一緒に剣道とかマラソンとか、そんなことしませんよ。日曜日には生徒たちと山登りに行ったという話も残っていますが、そんなところに中川さんの人柄が表れていると思います」

また、同校が創立七十周年の節目に編纂した記念誌の中には、牛島鹿之助という卒業生が中川に関して記した回想録が掲載されている。牛島は昭和三年（一九二八年）に同校の電気科を卒業した人物であるが、彼はその文章の中で中川についてこう書いている。

〈この配属将校は実に人格の備った、軍人で尊敬に値する軍人であるより、人生の指導者であった。例えば我々生徒の誰かが生徒としての行動を失敗するか踏み外した時にははじめは酷い言葉で叱りつけられるが次第に軟かく諄々と訓され、生徒自身が悪かった二度と同じことはやらないと心で誓うようになる指導の仕方で、帰る時は気が晴れ晴れするようになる指導方法で、実に人格者として尊敬出来る将校であった〉

優しさと厳しさの適度な混在は、父・文次郎の教育方針と重なるところがあったであろう。

中川は配属将校という閑職とさえ言える役職にあっても、自身の職務を忠実に全うしようとした。中川とは「教育の人」であり、常に「現場の人」でもあった。

一枚の写真

中川の自宅は、同校の近所にあったという。石橋利徳さんが言う。

「中川さんは奥様と一緒に、学校から五百メートルほど離れた六所宮の近くに住んでいたという話です。六所宮はこの地区の氏神様ですが、戦前にはこのお宮のすぐ近くに町営住宅がありました。そこに学校の先生とか役場の役人などが住んでいたのですが、中川さんもこの住宅で暮らしていたという話を、六所宮の宮司さんから聞いたことがあります。『町営住宅から軍刀を下げて、学校まで歩いて通っていた』と。今はもうその町営住宅もありませんが」

六所宮から同校までは一本道である。今では車の交通量も多く、戦前の面影は感じられない。

しかし、同校の敷地内には、中川が在籍していた当時の煉瓦塀が今も残っている。中川が目にし、触ったこともあったかもしれない煉瓦塀である。ただし、この煉瓦塀もすでに撤去が決まっているという。

そんな同校には、中川が写った写真が一枚だけ残っている。石橋さんが同校に保管されていた古いアルバムの中から発見したものだ。

丸刈りで軍服姿の中川は、精悍な面差しのまま、口元を真一文字に結んだ表情をしている。玉名中学の卒業写真と比較すると、貫禄と凄みがかなり増したように見える。写真の下には「中川先生」と記されている。

歩兵第四十八連隊で中川の上官だった古思了は、この当時のとある一日について、こう記している。

〈昭和七年の夏私は懐しい母隊を訪れる機会を得ましたところ、中川君の学校配属勤務中丁度帰隊しておられ、久方ぶりにその壮容に接して、心うれしく、将校集会所で親しくゆっくりと会談に時を過ごしてお別れしましたが、それが永の別れとなりまして、実に感無量であります〉

（『闘魂・ペリリュー島』）

配属将校時代の中川

原隊復帰

中川の八女工業での配属将校生活は、約四年という長きに及んだ。中川が八女工業から原隊の歩兵第四十八連隊に復帰したのは、昭和六年（一九三一年）八月のことである。以降、中川は中隊長の役職を得て、部下の兵たちを統率する立場となった。中川、満三十三歳の時である。

同隊には、陸軍士官学校で同期生だった松本鹿太郎がいた。松本は当時の中川について、次のように回顧している。

〈寡黙深慮の士と云うところでアッサリした性格であった。子供さんはなかったようだった〉（『陸士第三十期生会　追悼集』）

中川が原隊復帰した翌月には、満洲事変が勃発。時代は不穏な空気を濃くしつつあった。そんな中、中川は同連隊の中隊長として、少しずつ自身の色を出していった。

中川はまず、中隊内で往々にして見られた「古年兵による初年兵への私的制裁」を禁じた。中川の姪にあたる澄子さんはこう話す。

「『命をお互いに結び合っているのだから、誰も叩いてはいかん』と言って、いじめのような行為の禁止を徹底したと聞いています」

また、中川は部下たちに対して、「兵器を大切に扱うこと」の重要性を繰り返し説いた。兵士の一人が小銃を蹴飛ばしたのを見た際には、厳しく指導したという。その一方、行軍演習の折には、脱落しそうな者に対し、自ら肩を貸して一緒に歩くこともあったとされる。

次のような逸話もある。とある夜間行軍演習の際、一人の兵士が休憩中に一枚の写真を出して見ていた。それは故郷にいる母親の写真だった。しかし、その後に再開された行軍中に、彼はその大切な写真を落としてしまったという。

演習終了後、その話を伝え聞いた中川は、その兵士に対して外出許可を与えた。そしてそればかりか、中川自身も写真を探すのを手伝ったという。写真は草むらの中にあったが、兵士は泣きながら中川に感謝したとされる。中川にはそんな人情味溢れる一面があった。

戦後の昭和三十四年（一九五九年）、陸士第三十期生会によって編纂された『追悼集』には、ミツエが寄稿した文章が掲載されている。その文中、ミツエは中川の性格についてこう綴っている。

〈無口な人で怒る事もめったになかった。碁が好きで、隊の帰りにも相手さえあれば打って来たようでした。呑気な朗らかな点もあり豊橋の親類に行くのに一軒手前の家に入りお茶など呑んでから、どうも様子が違うのに気がつき、聞いたらお隣りだと云うのであわてとび出すなど笑い話の一つに残っていました〉

文次郎の死

昭和十年（一九三五年）八月、中川は陸軍少佐に昇進する。

昭和十一年（一九三六年）八月には、朝鮮の第二十師団歩兵第四十旅団歩兵第七十九連隊の第一大隊長を拝命。妻のミツエと共に、朝鮮半島に渡った。

司令部は京城（ソウル）の龍山にあった。中川が暮らした家の住所は、「龍山漢江通十一番地七十九官舎」である。

龍山には陸軍士官学校時代の同期生である藤村光雄がいた。二人は家族ぐるみの交流を持った。

ある日、そんな中川のもとに故郷の熊本から一報が届いた。父・文次郎が倒れたという報せである。原因は脳卒中であった。

文次郎のもとには、すぐに親族が集まった。その中には、中川家の次男である道之の姿もあった。三男の州男とは年が近く、幼少時より殊に仲が良かった旨はすでに記した通りである。

道之も教職の道に進んでいた。大正四年（一九一五年）に熊本県第一師範学校を卒業した道之は、玉名郡内の小学校の教諭を経て、大正八年（一九一九年）に渡満。南満洲鉄道株式会社（満鉄）が営む教育研究所に入所した。その後、長春や奉天の尋常高等小学校で教鞭を執った。

その間、満洲美術展覧会の満鉄賞を連続して受賞するなど、絵の才能が大きく開花。昭和四年（一九二九年）、内地留学を命じられ、東京高等師範学校で学んだ。

昭和五年（一九三〇年）には再び満洲に渡り、撫順《ぶじゅん》にある永安小学校で図画の教諭を務めた。また、この時期にキリスト教に入信したという。

しかし、昭和九年（一九三四年）、胃潰瘍を患い、退職して帰国。それでも美術への志は衰えることなく、東京で絵画の勉強を続けた。

やがて、緑陰社研究所に所属し、石川寅治に師事。石川は後に日展監事などを務める洋画家である。

昭和十一年（一九三六年）には、第一回大潮展に入賞。同年、故郷である熊本に戻り、旧制中学で美術教師をしながら、さらなる研鑽に努めた。そんな道之について、次女の澄子さんはこう話す。

「父はとにかく几帳面な人でした。そして、とても親孝行な人だったと聞いています」

澄子さんが続ける。

「ただし、文次郎さんが倒れた時には、マルさんがとにかく献身的に看病したそうです。マルさんは文次郎さんの奥さんですね。寝ている文次郎さんの痰をきれいに取ってあげるなど、大変だったという話です。そんな中、みんなで州男さんが駆けつけるのを『まだか、まだか』と待っていたと。やがて州男さんが到着すると、文次郎さんは目を見開き、みんなの方を見渡して、とても安心した様子で亡くなられたと聞いています」

文次郎が逝去したのは、昭和十二年（一九三七年）一月十三日であった。西南の役を戦い、その後は地域での教育活動に奔走した七十六年の生涯であった。

華北への出征

昭和十二年（一九三七年）七月七日には、盧溝橋事件が勃発。いわゆる「日中戦争」の始まりである。この事態を受けて、中川が所属する第二十師団にも華北への派遣命令が下された。

第二十師団は朝鮮の平壌や京城などに駐屯する歩兵連隊から成り、兵士は関西や九州の出身者が中心であった。師団長は川岸文三郎中将である。

中川が第一大隊長を務める第二十師団歩兵第七十九連隊の出発は、七月十六日であった。出発の朝、中川は自宅の神棚や仏壇に手を合わせてから、龍山の官舎を出たという。

歩兵第七十九連隊が向かったのは、天津周辺の戦線であった。そして、この進軍中に、中川の生涯において初めてとなる「実戦」が起きた。

中川は大隊長として部下たちを指揮したが、演習とは異なる実戦の厳しさを心の底から痛感した。部下に死傷者が出たのも、この時が初めてのことであった。部下を失う痛みを中川は知った。

そんな戦線での日々であったが、この間、中川は朝鮮にいる妻のミツエに頻繁に手紙を書き送っている。普段は多くを語らない中川であったが、妻を大切に思う気持ちは深かったのであろう。

中国大陸の戦線は、その後も拡大する一方だった。昭和十二年（一九三七年）八月八日、蔣介石は「全将兵に告ぐ」と題した演説を行い、徹底抗戦を呼びかけた。

同月十三日、戦火は上海などに飛び火。日本は当初、不拡大主義を唱えていたが、時の近衛文麿首相は方針を転換し、九月五日、中国軍に打撃を与えるため、積極的かつ全面的な軍事行動に移ることを明らかにした。

新たに編成された北支那方面軍は寺内寿一大将を方面軍司令官とし、第一軍、第二軍などから成っていた。中川の属する第二十師団は、第一軍に組み込まれた。

第二十師団には、石家荘《せっかそう》への攻撃が新たに命じられた。石家荘は北京の南西部に位置する古都で、河北省の要衝とも言える大きな街である。中川も大隊長として、期するところがあったに違いない。

やがて、石家荘の周辺で激しい戦闘が始まった。公刊戦史である『戦史叢書　支那事変陸軍作戦〈1〉』には、以下のように記録されている。

〈七日（著者注・十月七日）、第二十師団は霊寿、田営鎮付近で、北上してきた敵約三、〇〇〇と遭遇してこれを撃破した〉

十月十日、第一軍は石家荘の占領に成功。第二十師団も大きな戦果を上げた。しかし、この一連の戦闘において、中川指揮下の大隊だけでも百名以上の死傷者が出たとされる。日本軍の進軍はなおも続く。中央統帥部は山西省の省都である太原《たいげん》の攻略を命令。中川の大隊も、太原に向けて西進した。

太原でも過酷な戦闘となった。『戦史叢書　支那事変陸軍作戦〈1〉』にはこうある。

〈五日（著者注・十一月五日）、（略）第二十師団は、鳴謙鎮、鳴李村（鳴謙鎮南西約四粁）付近で、北上する約二コ師の敵を撃破した。

六日（著者注・十一月六日）、（略）第二十師団は、小店鎮付近で、太原から後退してきた敵を攻撃するとともに、汾河西岸の敵を攻撃して多大の損害を与えた〉

兵器に勝る日本軍は着実に制圧地域を広げたが、その戦いは決して容易なものではなかった。この地方一帯の山肌には、中国軍によって強固なトーチカが無数に構築されており、そこから不意に銃撃されることによって、日本軍はしばしば混乱に陥った。激しい白兵戦も勃発し、中川自身も敵兵を斬ったと言われる。

そんな激闘の末、十一月九日に日本軍は太原の攻略に成功した。

日本軍はこの攻略戦を通じて、中国軍の地形を活かしたゲリラ戦に絶えず苦しめられたが、この時の過酷な体験が後のペリリューの戦いに活かされたという説もある。ペリリュー戦の際、中川率いる現地守備隊は山岳部一帯に地下壕を張り巡らせ、米軍の上陸部隊を翻弄した。その戦い方が、日中戦争時の経験に教訓を得たものであったということは充分に考えられる。

いずれにせよ、以上のような華北での戦闘を通じ、中川は「野戦指揮官」として極めて高い評価を得た。中川の勇敢かつ冷静な指揮は、上官たちの目に止まった。この時の実績が、その後の中川の生涯を大きく変えていくことになる。

やがて、華北は寒い冬を迎えた。ある日、中川のもとに届いたミツエからの小包の中には、冬服が入っていた。中川は妻のこの気遣いをたいそう喜んだという。

だが、その後も戦線は拡大する一方だった。中川が指揮する大隊は、黄河を挟んで敵軍と対峙。昭和十三年（一九三八年）の年明けを中川は戦地で迎えた。

二月十五日、中川らは駐屯していた楡次《ゆじ》を発ち、同じ山西省の風陵渡《ふうりょうと》の方面に向かって出撃した。この進軍中には、中川が乗った専用車が敵の銃撃によって横転するという事件が起きた。ただし、中川は幸運なことに無傷であった。

陸軍大学校専科

その後、中川は激戦の続く華北から、朝鮮の官舎に戻った。陸軍大学校の専科を受験することになり、その準備のために帰宅したのである。

陸大の専科は、本科とは別に設けられた機関である。総合的な知識を習得する本科とは異なり、より専門的な分野を学ぶための教育機関として専科は位置付けられていた。本科に進学しなかった者の中から、優秀な人材を登用するための制度である。

華北での一連の戦闘において中川が発揮した手腕は、連隊長から高く評価された。そのため、連隊長が中川を陸軍大学校の専科に推薦したのである。

朝鮮から東京に戻った中川は、同科の試験を受けて見事に合格。晴れて陸軍大学校専科に通うことになった。同科の第六期生である。戦場での功績によって同科への入学を果たした中川は、まさに「現場からの叩き上げ」であった。

こうして中川は、妻のミツエと共に世田谷の小さな借家で暮らし始めた。専科の修業年限は、三年の本科とは異なり一年である。

中川はこの入学時、すでに四十代となっていた。配属将校といった役職を経ていた中川は、かなりの回り道をして同校にまでたどり着いたことになる。周囲の同期生は、年下の者が多かった。

そんな同期生の中には、加藤建夫がいた。加藤は後に飛行第六十四戦隊を率いて活躍。「加藤隼《はやぶさ》戦闘隊」として、戦史に名を残す人物である。

加藤は中川よりも五つ年下であった。加藤は中川のことを兄貴分として慕った。中川の家を訪れ、二人で酒を酌み交わしたこともあったという。

昭和十四年（一九三九年）三月、中川は陸軍大学校専科を卒業。この時の卒業証書が今も中川澄子さんの手元に残るが、日付は「昭和十四年三月九日」となっている。同科卒業と同時に、中川は陸軍中佐となった。

同年五月、宇都宮の独立混成第五旅団の参謀を拝命。九月には、山東省の港湾都市である青島とその周辺地域の警備を任じられ、同旅団は同地に移駐した。

ただし、中川のこの辺りの経歴には、これまで不明瞭な点が多かった。しかし、中川の「陸軍兵籍（兵籍簿）」を確認したところ、昭和十六年の履歴の欄に次のような記載を認めることができた。

〈九月二十一日内地帰還ノタメ上海出帆　九月二十五日門司港上陸〉

兵籍簿は厚生労働省や各都道府県が保管する公的な記録で、戦没者本人の三親等内の親族しか閲覧することができない。そこで私は中川の姪にあたる澄子さんに依頼して熊本県庁に申請していただき、兵籍簿の複写を入手することができた。

先の記録から考えると、やはり中川がこの時期に青島かその周辺地域に着任していたことが窺える。中川は翌十月に新潟県高田市の第六十二独立歩兵団の参謀となるが、この配属のために中国から帰国したと類推できよう。

そして迎えた十二月八日、日本は真珠湾攻撃により、対米戦争へと突入していく。中川の生涯も、大きな転換点を迎えようとしている。

第三章　満洲から南洋へ

親族との別れ

アメリカとの開戦後、当初は快進撃を続けた日本軍であったが、昭和十七年（一九四二年）六月のミッドウェー海戦における敗北から、徐々に劣勢へと転じていく。

そんな中、中川州男は昭和十八年（一九四三年）三月に、陸軍大佐を拝命した。

そして、彼は自身の生涯において、最大の軍務に就くことになる。すなわち、中川に対して第十四師団歩兵第二連隊の連隊長を任命する旨が、ついに伝えられたのである。

第十四師団は明治三十八年（一九〇五年）四月の創設以来、日露戦争やシベリア出兵、日中戦争などに参加してきた歴戦の師団である。師団の兵士たちは茨城県や群馬県、栃木県といった北関東の出身者が大半で、衛戍地《えいじゅ》は宇都宮に置かれた。しかし、昭和十五年（一九四〇年）九月に満洲へ移駐。関東軍の一部となり、師団司令部はチチハルに設けられた。

中川は同師団の連隊長という栄職に任じられ、満洲へと向かうことになったのである。渡満の前、中川は故郷の熊本を訪れた。兵籍簿によれば、中川は昭和十八年六月十日に門司港から満洲に向かって出立しているから、その少し前のことだと思われる。

この当時、中川の次兄である道之は、中学校で美術教師をする傍ら、熊本市内の下通りという繁華街で文具店を営んでいた。その店舗では文房具の他、画材や書籍も多く取り扱っていたという。実際の店の切り盛りは、妻のユキが行っていた。

そんな兄夫婦のもとを、中川は訪ねた。そして、他の親族も集まって外食することになった。道之の長女である友子《ともこ》さんはこの時、九歳。友子さんはこの日のことをよく覚えている。

「私が小学生の時です。当時、熊本市内に銀丁《ぎんちょう》という百貨店があったのですが、その中にあるレストランで食事をしました。銀丁は小さい時からよく行っていたのですが、州男さんがいらした時もそこでみんなで食事をしました」

「銀丁」は昭和五年（一九三〇年）に熊本の中心部に開業した百貨店で、鉄筋コンクリートの三階建てという当時としてはかなり瀟洒な建物であった。友子さんは、中川についてこう語る。

「州男さんは、とても優しい叔父さんでした。基本的にはいつも出征していて、なかなか家にいる方ではありませんでしたが、それまでも州男さんが熊本に帰ってきた時には、親族で集まっていました。ですから、私は何度かお会いしたことがあります。州男さんは、体つきががっしりとしている印象でした。性格としては、そんなに喋る感じではなかったですね。無口なほうだったと思います。それでも、表情はとても穏やかな人でした。ニコニコして優しく話しかけてくれたのを覚えています。州男さんはお子さんがいらっしゃらなかったから、それもあって可愛がってくれたのだと思います」

実際の中川を知る友子さんが、しばしば笑みを浮かべながら、貴重な証言を続ける。

「食事の後には、みんなで写真館に行って、写真を撮ったんです」

道之が営む文具店の正面に、写真館があったという。

「これがその時に撮った写真です」

白黒の写真の中には、おかっぱ頭の友子さんが楽しそうに微笑んでいる姿がある。友子さんの妹の澄子さんはこの時まだ一歳で、母親のユキに抱かれている。道之も写っているが、細面に丸眼鏡、痩せ型の体格で、堂々とした体つきの中川とは雰囲気がだいぶ異なる。

中川（後列中央）と親族の集合写真

親族たちの中心に立つ中川の表情には、ものの柔らかな雰囲気が見受けられる。友子さんが回顧するように、まさに「穏やかな表情」である。心を許した親族とのふれあいの中で、軍人としての緊張感が解きほぐされたような顔つきに映る。これが彼本来の表情なのかもしれない。友子さんが言う。

「州男さんとは、この時にお会いしたのが最後です。もっともその時は、『楽しいなあ』と感じただけで、まさか最期の別れになるとは夢にも思っていませんでした」

六月十日、中川を乗せた船は門司港を出航し、翌十一日に釜山港に入港。中川が赴任地である満洲国の嫩江《のんこう》に到着したのは、同月十五日のことであった。

嫩江での生活

中川が連隊長となった歩兵第二連隊は、茨城県の水戸を編成地とし、「陸軍最強の精鋭部隊」との呼び声も高い部隊であった。明治十年（一八七七年）の西南の役の際には、西郷軍を鎮圧するための征討軍に編入され、各地を転戦している。

本書の冒頭で述べた通り、中川の父親である文次郎は、西南の役における熊本での戦いに西郷方の一兵士として参戦していた。その対峙した敵方の部隊の指揮官に、中川は就任したということになる。因縁めいた一族の運命に、中川も驚いたに違いない。新たに思いを定めるところもあったのではないだろうか。

◆

歩兵第二連隊の駐屯地である嫩江は、チチハルのさらに北方に位置する町である。ソ連との国境線に近く、「国境警備」と「ソ連軍に関する情報収集」が同連隊の主な任務であった。言わば、ソ連に対する「北の守り」である。町の周囲には、なだらかな起伏の広大な丘陵地が続いていた。

ここで一人の元兵士の方に登場していただく。歩兵第二連隊第二大隊の陸軍軍曹であった永井敬司さん（97歳）である。

永井さんは大正十年（一九二一年）七月十六日の生まれ。出生地は茨城県の池野辺（現・笠間市）である。地元の笠間高等小学校を卒業した後、十八歳で現役志願。水戸の歩兵第二連隊に入営した。厳しい訓練の後、昭和十五年（一九四〇年）九月に満洲に渡り、嫩江での軍務に就いた。そんな永井さんが、同連隊での日々をこう振り返る。

「私が入隊した時の連隊長は鬼武五一《おにたけごいち》さん、その次が西本英夫さんでした。そして西本さんと代わって新たに赴任されてきたのが中川さんでした」

歩兵第二連隊の「最後の生き証人」である永井さんが証言を続ける。

「しかし、同じ連隊とは言っても、中川さんは連隊長、私は軍曹ですから、面と向かって会話をしたというような経験はありません。訓示を聞いたり、お姿を見かけたことがあるくらいです。軍隊というのは、上下関係のはっきりとした組織ですからね。連隊長と言えば雲の上の存在です」

九十七歳という高齢であるが、永井さんの視線にはこちらを射抜くような鋭さが宿る。

「私たち茨城県人というのは気が強くて猪突猛進。これに対して九州出身の中川さんは、豪快だが同時に粘り強い。そんな感じがしました。冷静だが、情にも通じているということで、兵隊からの人望には厚いものがありました。部隊というのは指揮官そのもの。指揮官の器や個性が部隊をつくります。歩兵第二連隊は中川さんの統率の下、ますます団結していきました」

歩兵第二連隊の兵舎は赤煉瓦造りで、立派な隊舎や風呂場が完備されていた。町には「嫩江神社」と名付けられた神社や、日本風の料亭なども立ち並んでいた。主な交通手段は「マーチョ」と呼ばれる馬車であった。夕方になると、満洲の地に特有の「赤い夕陽」に町は染まった。

官舎の近くには「いなばや」という菓子店があった。この店が兵隊たちの憩いの場であった。兵隊たちは休日に外出するとこの菓子店に立ち寄り、饅頭などをこぞって買い求めた。この店の娘であった木下梅子は、当時の様子を後にこう書いている。

〈わが家「いなばや」の店先にも、（略）兵隊さんが、三三五五と入って来る。粗末なテーブルと椅子だけの店であったが、生菓子、菓子パン、飴などを作って軍隊とか開拓団にも利用されていた〉（『ああ嫩江』）

新任連隊長として

そんな連隊に「新任の連隊長」として着任した中川がこだわったのが「訓練の質」であった。同連隊の第一中隊長だった小川諭は、中川について次のように綴る。

〈当時、私は第一中隊長として直接ご指導をうけたが、終始常に武人らしい、実戦必勝に徹する武将という印象が、今なお脳裏に深く残っている。連隊長は寡黙で、こまかいことはほとんどいわれないが、規律と訓練についての要求は厳しく、いいかげんなことは絶対に許さないという方であった〉（『水戸歩兵第二聯隊史』）

中川を評して「武将」「寡黙」といった単語が出てくる。これらの表現は、中川を理解するための一助となる言葉であろう。また、小川によれば、こんなこともあったという。

〈当時、内地の国民生活は相当窮屈になっていたが、満州はまだ物資の余裕もあったので、私どもは時により痛飲談笑して度を過ごすようなことがあった。連隊長は着任早々、これにつき現地人に及ぼす影響を諭し、自粛自省と厳然たる態度で、身を持することを要望さ

れた〉（同書）

他方、連隊本部付の陸軍少尉であった田崎忠男は、中川との思い出を以下のように記す。

〈突然、根本副官所用のため代理を命ぜられ、連隊長（著者注・中川）のお伴を仰せつかり、将集（著者注・将校集会所）へお伴したら、ひっそりと無人。私は副官に確認しなかった不始末を詫び、下士集（著者注・下士官集会所）へお伴したら、別にお叱りもなく、「あ、良い、良い。」と笑っておられた連隊長の後姿が、今も瞼に焼きついて離れない〉（『ああ嫩江』）

文中の「根本副官」というのは、根本甲子《こうし》郎《ろう》のことを指している。根本は中川の側近として、ペリリュー島玉砕の日まで行動を共にすることになる人物であるが、それについては後の章に譲ろう。

◆

同連隊は、昭和十八年（一九四三年）八月十一日から二十六日まで関東軍チチハル演習、九月八日から十月二日までは大興安嶺《だいこうあんれい》演習に参加。ちょうどこの時期は「対ソ戦の必勝」を目的として、関東軍が大規模な演習に力を傾注した最盛期であった。中川も長期の演習により、自宅をあける日々が続いた。

大興安嶺演習中の九月三十日には、野田謙吾師団長が転出となり、新たに井上貞衛《さだえ》中将が同職に補された。

井上は明治十九年（一八八六年）の生まれ。本籍地は高知県だが、熊本県で育った。熊本陸軍地方幼年学校、中央幼年学校を経て、陸軍士官学校に入学。歩兵第五連隊長、第三十三師団歩兵団長、第六十九師団長などの要職を経て、新たに第十四師団長に親補された。中川より十二歳も年上だが、同郷ということで通じ合う部分もあったかもしれない。関東軍作戦参謀の草地貞吾は、井上についてこう評している。

〈井上さんは治世の能臣ではない。乱世の豪雄である。乱世も乱世、戦乱の寵児だ。猛断果決、乱麻を快刀で截つのが井上将軍のお家芸である〉（『ああ嫩江』）

以降、中川はこの井上のもとで、最期の日まで自らの軍務と向き合うことになる。

直筆の文書

国立公文書館アジア歴史資料センターのデータベース内に、中川の直筆による「第九五六部隊衛兵服務規定（案）」という文書が保存されている。「極秘」の判子と共に記されている日付は、「昭和十八年十一月十日」である。同文書には衛兵の軍務に関する通則が、第一条から第二十条まで列記されている。

中川の筆跡には几帳面で繊細な雰囲気が色濃く、大胆で豪快といった筆使いではない。率直に言って、意外なほど細やかな文字である。中川は「悪筆を気にしていた」とされるが、充分過ぎるほどの達筆とも言える。内容としては、例えば次のように記されている。

〈第五条　衛兵ノ勤務期間ハ七日トシ之ノ交代ハ毎週土曜日十六時トス〉

〈第十三条　歩哨ハ昼間ハ二名夜間ハ四名ヲ以テ絶エス担任区域ヲ動哨シテ警戒セシメ其ノ他ハ衛兵所ニ在リテ待機ス〉

中川は衛兵の軍務規定を、細部にわたって指示している。ソ連との国境に近い駐屯地において、警備や監視を担う衛兵の仕事は、より重要視されていたのであろう。最後のページには「警戒経路要図」と題された手書きの図まで付されている。

中川の肩書きとしては「第一四三部隊長」とある。「第一四三部隊」というのは、歩兵第二連隊の略号である。

中川の姪である澄子さんが保管するミツエの遺品の中には、一枚の名刺がある。そこには「満洲第一四三部隊長　陸軍大佐　中川州男」と記されている。中川が嫩江にいた時期に使用された名刺ということになろう。澄子さんは満洲時代の中川についてこう話す。

「州男さんは満洲から毎月、熊本の実家に仕送りをしていたそうです。州男さんは凄く親孝行な人だったと聞いています」

過酷な雪中演習

一方その頃、太平洋における南方戦線では、日米両軍による激しい戦闘が繰り広げられていた。昭和十八年（一九四三年）十一月には、日本軍が駐屯するギルバート諸島のマキン島とタラワ島に対し、米軍が大規模な上陸作戦を敢行した。

結果、両島ともに日本軍守備隊は玉砕。米軍は太平洋の制圧地域を着実に広げていた。中川は南方での戦況を気にかけながら、北満での軍務に専心した。

そんな中川について、ミツエは戦後、こんな文章を書き残している。

〈(著者注・中川は)ラジオで戦時中忠孝美談などよく目をうるませて聞いていました。皇室の話ですと、どんな時も姿勢を正すので、思わず私も座り直す程でした〉(『陸士第三十期生会　追悼集』)

やがて嫩江に厳しい冬が訪れる。その寒さは多くの将兵たちに強い印象を残したようだが、連隊本部付の田崎忠男はこう回想する。

〈酷寒零下四〇度の嫩江。針で刺されるような痛さ。防寒帽は目だけを出して、まわりに氷の花が咲く。銃剣術は三分くらいで、兵舎へ駆けこみ、休息して又戸外に飛び出して術技の訓練を繰り返す。

入浴が終わり浴場を出た途端に、手拭いを上に向けるとキュンと立つ。ドアの取っ手を素手で触れたら吸い付く、凍傷予防には細心の注意を払った〉（『ああ嫩江』）

ただし、官舎内にはペチカが備えられており、室内は充分に暖かかったという。

そんな厳しい冬が到来しても、同連隊は演習を繰り返した。いわゆる「雪中演習」である。同連隊の一員だった高橋敬郎は、その過酷さを以下のように記す。

〈体感気温零下五十度近い酷寒の雪原で、感覚をなくして凍傷寸前の指先をこすりながらの射撃演習、防寒具の重さに耐えながら、歯をくいしばって必死で走った雪の広野、凍ってシャリシャリ音がする飯盒（はんごう）めしの味気なさ。しかし、こうした過酷な訓練の中で、私たちはたくましく生きることへの自信と責任感、連帯感といった気力と体力が培われたことは事実である〉（『水戸歩兵第二聯隊史』）

こうした厳しい演習が、気候や環境は大きく違えども、後のペリリュー戦に活かされた部分は、少なからずあったであろう。

防疫対策の実施

国立公文書館アジア歴史資料センターに昭和十九年（一九四四年）一月一日付の公文書が保存されている。標題は「第一四三部隊伝書使服務規定」とあり、作成者の名前は中川州男である。

さらに、同日付で出された「第一四三部隊流行性出血熱予防規定」という文書も残っている。こちらも同じく中川の名前で作成されたものである。その文書の中には、例えば以下のような旨が記されている。

〈第八条　流行性出血熱感染防止ノ為実施スヘキ事項左ノ如シ
一「トゲダニ」ノ人体ニ附着セサル措置ヲ講ス（略）
三「トゲダニ」附着ノ疑アル干草ノ使用ヲ禁ス〉

文書内で「流行性出血熱」と表されている疾病は、今で言う「腎症候性出血熱」のことを指す。戦時中の日本軍は、このウイルス感染症を「流行性出血熱」と名付けていた。重症化すると腎不全や臓器の出血を引き起こし、最悪の場合には死に至ることもあるこの疾病に、関東軍の将兵たちは苦しめられていた。感染経路は「野ネズミの排泄物から人」であり、媒介動物は中川の記す通りトゲダニである。

先の文書を読むと、この感染症の流行を予防するため、中川が細かな対策を講じていた様子が窺える。文書内には、中川の直筆によるトゲダニのイラストまで付されている。

中川と言えば、とかく豪快なイメージが先行して語り継がれている一面がある。しかし実際の彼は、目の前の実務を丁寧にこなしていくタイプの指揮官であった。ペリリュー戦においても、米軍の上陸前に中川が周到な準備を細部にわたって徹底していたことが、敵の大部隊を驚かせるほどの抗戦に繋がった。中川には「武」のイメージがどうしても強いが、「文」の部分にも的確に目を向けなければ、彼の実像に迫ることはできない。中川は決して、勇猛なだけの軍人ではなかった。

二月一日には中川の指導により、「歩兵第二連隊防諜勤務規定」が改定された。防諜に関する従来の規定を精査し、より効果の期待できる体制へと組織を改めたのである。

南方戦線への転進命令

中川が満洲で実務に追われている間も、南方戦線では米軍の進撃が続いていた。物量に勝る米軍の優位は明らかであった。

そのような戦況に対応するため、大本営は大きな決断を下した。満洲の関東軍から二個師団を抽出し、西部ニューギニア及びマリアナ諸島へ派遣することを決したのである。こうして、中川率いる歩兵第二連隊が属する第十四師団は西部ニューギニア、第二十九師団がマリアナ諸島に派遣されることになった。

昭和十九年（一九四四年）二月十日、第十四師団に対して「大陸命第九百三十五号」が発令。その内容は、第十四師団をそれまでの第三方面軍の編組から除いて第二軍の戦闘序列に編入し、太平洋方面に派遣することを命じるものであった。

参謀総長である杉山元《はじめ》元帥は、関東軍や支那派遣軍を南方に転用していく意向をすでに昭和十八年（一九四三年）頃から示していたが、それがついに実現したかたちである。

それまでの日本軍では、陸軍は中国大陸や朝鮮半島、海軍は太平洋地域と責任区域が総じて棲み分けられており、島嶼《とうしょ》部の防衛は海軍陸戦隊が主に担っていた。しかし、太平洋戦線の戦況の逼迫を受けて、陸軍の精鋭部隊が島嶼防衛にあたるよう変更になったのである。

こうして歩兵第二連隊は満洲から引き抜かれ、南方の第一線に投じられることになった。酷寒のソ満国境から、常夏の南洋への転戦である。

関東軍作戦参謀の草地貞吾は、転用に関する関東軍命令を持って、チチハルにいる井上貞衛師団長のもとを訪れた。すると井上は開口一番、こう言ったという。

〈草地、おれの目玉の黒いうちは心配するな。ただ装備だけはうんとくれろよ〉（『ああ嫩江』）

ただし、第十四師団の行き先はその後、「西部ニューギニア」から「マリアナ諸島」へと変更された。米軍の大規模な空襲によって、マリアナ諸島が甚大な被害を蒙ったためである。

この時点においては、西カロリン諸島に位置する「パラオ」という地名はいまだ出てこない。

『水戸歩兵第二聯隊史』によると、この転進計画は極秘裏に進められ、上層部以外の兵士たちには、行き先を知らせないどころか、「演習」という名目で移動の準備をさせていたようである。対峙するソ連軍に悟られないよう、あくまでも「演習に出る」という体裁を徹底したのであった。地理的な条件上、防諜には厳重な警戒態勢を施す必要があったのである。連隊内では「イ号演習」という秘匿呼称が使用された。

歩兵第二連隊第二大隊の上等兵だった程田《ほどた》弘は当初、この転進に関して「冬期の大演習」と聞かされたという。だが、演習にしてはどうも雰囲気が物々しいことに程田は気づく。


〈当分帰ってこないから内地に送れるものはみんな送れ、貴重品や頭髪、ひげ、爪なんかも送れともね。それから貯金なんかも送っておけといわれました〉（『証言記録　生還』）

二月二十九日の午前九時、中川は曹長以上の全部下を将校集会所に集め、転進に関する内報を示達。本当は演習ではなく、南方戦線への転進である旨をようやく告げた。そして、転進参加者と残留要員の区分を示した。

同連隊の本部教育室で情報担当の任にあった鈴木実は、胃潰瘍や痔の症状によって入院していたため、編成から漏れて嫩江に残るよう命じられた。この命令を不服に思った鈴木は、病院を抜け出して中川のもとへ直談判に行った。南方への同行を懇願したのである。

〈早速連隊に行き連隊長（著者注・中川）に同行出征を請願したところ、緊急出動に伴う万般の処置を練られ、すでに胸中に用意されたそのひとつを明確に実行に移し、かつは諭すようにして述べられた連隊長の言葉には、理路整然、不動のもので何人といえどもつき入る余地のない威厳に満ちあふれていた〉（『水戸歩兵第二聯隊史』）

この時、中川はこう言ったという。

〈「後を頼む、この戦争は長引く、後から来る機会は必ずある、先ず体を治す事が先決だ」と諄々毅然一気に説諭された。あの時の中川連隊長の御英姿が瞼裏に焼きついていて離れない〉（『ああ嫩江』）

鈴木は中川から、屯営や衛戍地の警備、家族の引揚げ援助といった後事を託されたという。

ミツエとの別れ

南方戦線の厳しい戦況に関する情報は、満洲にも逐一もたらされていた。南方が生還の極めて困難な地であることに疑いの余地はなく、中川も改めて覚悟するところがあったに違いない。中川の妻であるミツエは、戦後に次のような文章を残している。

〈昭和十九年の二月末頃でしょうか、今日は意気を見せに参りましたと、若い方がた十名位でしょうか。うす暗い電灯の下で、いつもと変りなく、飲んで討匪行の歌を誰か歌い出す。そして合唱される。「どこまで続くぬかるみぞ、三日二夜も食もなく、雨降りしぶく鉄かぶと」。中川は唯黙々として、ギットうなづいて聞き入っていたあの情景が今なお昨日の事のように思えて、涙する日がございます〉(『闘魂・ペリリュー島』)

やがて中川は、嫩江での最後の夜を迎える。三月十日のことである。結論から言えば、これがミツエと共に過ごす人生最後の夜となる。

この夜に関して、戦後にミツエが『陸士第三十期生会　追悼集』に寄稿した文章から一文を引こう。

〈満洲へ赴任してからは秋季演習、冬季演習など続いていました。其後《そのご》また演習に行く用意をするよう申しますので、今度は何演習ですかと聞きましたら、永劫演習だと申し、其の儘《まま》永劫に帰らぬ人になって了《しま》いました〉

しかし、ミツエはこの「永劫演習」という言葉を聞いた時には、「英語演習」だと思ったのだという。そして、夫の真意を理解したのは、ずっと後のことであったとミツエ自身がそう回想している。この逸話に関し、中川の姪である澄子さんはこう話す。

「ミツエさんはゆっくりとした性格の人でしたから、言われた時はあまり深く考えなかったんだろうと思います。後になって『そういうことだったんだな』と気づいたという感じだったのではないでしょうか」

激戦が続く南方に転進するにあたり、中川に相当な覚悟があったことは想像に難くない。中川はその決意を「永劫演習」という言葉に込めたのであろうか。

以上が、この夜に関する逸話である。この話は中川の生涯における重要な一場面として、人口に膾炙することが少なくない。

しかし、私はここで一つのささやかな推論を示したい。

それは、中川が口にしたのは実は「永劫演習」ではなく「イ号演習」だったのではないか、という仮説である。同連隊の南方への転進に「イ号演習」という秘匿呼称が付されていたことは、前述した通りである。中川はミツエからの、

「今度は何演習ですか」

との問いかけに、そのまま、

「イ号演習だ」

と答えたのではないか。中川の寡黙で実直な性格から考えると、「永劫演習」という婉曲的な表現よりも、こちらの方が腑に落ちるように思える。そして、ミツエは「イ号演習」という言葉など知る由もなく、聞き取れなかったのではないか。

もちろん、以上はあくまでも一つの推論であって、今となっては真相を知る由もない。あくまでも一つの可能性として、ここに記しておきたい。

この時、中川は満四十六歳。頭髪には、白髪が混じっていたという。夫婦の間に子供はいなかった。

翌朝、中川は普段と同じように起床し、洗顔や体操の後、神棚や仏壇に祈りを捧げた。

ミツエは普段のもんぺ姿ではなく、博多織の着物を着て夫を送り出した。中川は、

「身体をくれぐれも大切にしてください」

と珍しく丁寧な口調でそう言い、そして笑ったという。

旅順に集結

第十四師団の総員は、約一万二千人に及ぶ。歩兵連隊は歩兵第二連隊、歩兵第十五連隊、歩兵第五十九連隊である。中川率いる歩兵第二連隊の総員は、三千五百八十八名であった。その中の一人、永井敬司さんはこう語る。

「当初は演習という話でしたが、やがて『本当は南方への転進だ』と聞きました。しかし、南方と言っても、詳しい具体的な行き先までは聞かされませんでした。大事な情報は上層部だけで共有して、私たち末端のところまでは下りてきませんからね。私は軍曹で下士官でしたが、はっきりとしたことはわかりませんでした」

各連隊は三月十日以降、チチハルや嫩江の各駐屯地を列車で出発し、ソ連軍に悟られぬよう厳重な注意を払いながら、遼東半島の旅順へと向かった。旅順で南方戦に向けた準備や訓練をした後、近隣の大連港から出航する計画である。

歩兵第二連隊が嫩江を発ったのは、三月十一日であった。『水戸歩兵第二聯隊史』にはこうある。

〈三月十一日連隊は、集結地旅順に向かい勇躍前進を開始した。連隊長（著者注・中川）は軍旗を奉じ第一梯団とともに寒気を突いて嫩江駅に至り、夕やみ迫る十七時、残留部隊将兵の見送りを受けて出発、北安・ハルビンを経て一路旅順に向かった〉

ここに「軍旗」という言葉が出てくるが、これは「連隊旗」のことを指している。当時の日本軍において、連隊旗は極めて重要な意味を持っていた。とりわけ歩兵第二連隊の連隊旗は、明治七年（一八七四年）に拝受したという歴史の深いものである。この連隊旗について、歩兵第二連隊の連隊本部付であった坂本徳次が記した文章が残っている。

〈本部付になって間もない頃、何かの行事のために軍旗を出すことになったが、その時連隊旗手が出張で留守だったことから、図らずも私が連隊旗手の代理を務めたことが、ただ一度だけあった。言うまでもなく、明治七年春四月に下賜された我が軍旗は、多くの歴戦に参加して、総《ふさ》のみ残った神々しい軍旗である〉(『ああ嫩江』)

この由緒ある連隊旗もペリリュー島で将兵たちと同じ運命を辿ることになるが、それはまだ先の話である。

一方、嫩江の残留部隊は、兵員が激減しているのをソ連軍に気づかれぬよう、時にわざと大声を立てたりしながら残務整理に努めた。

「軍隊は運隊」という言葉がある。同じ連隊でもこの時の岐路の違いによって、その後の運命は大きく変遷した。

ただし、この歩兵第二連隊の場合、残留組も結局は極めて過酷な道をたどっていくことになる。それについては、後の章で記す。

三月十四日、歩兵第二連隊の転進組は、旅順への集結を完了。周囲を鉄条網で囲まれた宿営地には、天幕が百張ほども立ち並んでいた。

以降、中川率いる歩兵第二連隊は、出動準備と訓練に明け暮れた。訓練内容は対空監視や対潜監視、船舶遭難時の対応動作、逆上陸時の戦闘法など多岐に及んだ。これまで酷寒の地でソ連軍と対峙していた頃とは、大きく異なる技術の習得が求められたのである。歩兵第二連隊の一員であった永井敬司さんはこう語る。

「縄梯子を使っての下船訓練などもやりましたが、あれは大変でしたよ。大きな船だと高低差が物凄くありますからね。足を踏み外さないようにしながら、ダーッと下りていくわけです。それまで北満でいろいろな演習をしてきましたが、そんな訓練は初めてだったので難儀しました」

堀栄三の証言

三月十六日、大本営陸軍部参謀の堀栄三が大連に到着。米軍に関する最新の情報を、第十四師団に伝えるための来訪であった。堀は大本営において、米軍の戦術に関する研究を重ねてきた人物である。

堀は太平洋における米軍の戦い方について、仔細に説明した。その中で堀が強調したのは、「水際《みずぎわ》（著者注・海岸線）での早すぎる突撃は、かえって自滅する公算が高い」「地形が許す限り陣地を二線三線に準備する」「洞窟陣地の準備」といった点であった。堀が戦後に著した回想録の中には、中川の名前も登場する。

〈今でも堀の印象に残るのは、ペリリュー島を守備した第十四師団の中川連隊長が、大連での堀たちの事前説明を熱心にメモして、時には質問してきた姿である〉（『大本営参謀の情報戦記』）

すなわち、この時点ではいまだ第十四師団の行き先はマリアナ諸島であったものの、この時すでに中川には「洞窟陣地を構築しての抗戦」という作戦の有用性が、大本営参謀より伝えられていたことになる。幾つかの文献の中には「現地ペリリュー島に赴いた中川が、その地形を見て地下陣地を構築する作戦を発案した」などと書かれたものが散見されるが、それらの記述は史実とは言い難い。

三月二十三日、歩兵第二連隊は出陣式を執り行った。

この時期に中川と出会った経験を持つもう一人の人物が、堀江芳孝である。陸軍大学校を卒業して参謀職にあった堀江は、大本営派遣団の一員として大連を訪れたが、その滞在中に中川と対面したという。堀江はその時の様子を以下のように書いている。

〈彼等は私を中川大佐のところに案内した。「新米の中川です。歩二将校団の末席を汚しています」という挨拶には、私は全く面くらった。彼は私を将校団の先輩と呼び、軍旗のところに誘導し、私が拝礼するや、テント内は忽ちにして大宴会場と化した〉（『闘魂・ペリリュー島』）

歩兵第二連隊の連隊長である中川が発したという「歩二将校団の末席を汚しています」という言葉は、戯れの諧謔か、それとも謙虚な本音から生まれた表現であったのか。堀江は中川の印象についてこう付け加える。

〈温厚、謙譲の美徳を備えた方、それに力強い方という感じを受けた。口数の少い人のようであった。（略）一旦決めたら梃でも動かない鉄石の意志を秘めておられたのではなかったか〉（同書）

尾池隆さんの体験

第十四師団の通称号は「照《てる》」である。大連港からの出航予定日は、三月二十八日であった。

将兵たちには、半袖の夏服が支給された。さらに、それまで使用していた三八式歩兵銃は、その後継である九九式小銃に交換された。

第十四師団の歩兵第十五連隊に所属した尾池隆さん（93歳）はこう語る。

「大連港から南方に向かうとは聞いていましたが、詳しい行き先はわかっていませんでした。『船が沈むんじゃないか』と心配になるほど、いっぱいの荷物を積み込んでいました」

尾池さんは大正十年（一九二一年）七月十七日、群馬県勢多郡黒保根村で生まれた。長じて上京し、国鉄の大井工場で技師として働いた。

その後、徴兵により歩兵第十五連隊に入隊。編成地は群馬県の高崎市である。初年兵時代について、尾池さんはこう話す。

「まず高崎で半年ほど兵隊の教育を受けました。日本の軍隊というのは、一日でも二日でも先輩は先輩。上官や先輩に対しては、絶対にものを言ってはいけません。先輩が白いものを黒いと言えば、それは黒なんです。だから、下っ端の時は、『この野郎、貴様ら！』なんて言われて、殴られ、蹴られ、本当にひどいものでした。まるでドブネズミ。ハタキで追い回されるのと同じですよ。だから夜には、みんな寝ながら泣いていましたね。枕を濡らすというのは、ああいうのを言うのでしょう」

所属した部隊によって程度の違いはあったが、当時の日本軍にこうした悪弊が存在したのは、正視しなければならない事実である。

「日曜日に親が面会に来る。そうすると、みんな親のありがたみが身に沁みているから、自然にボロボロと涙が出るわけです」

その後、尾池さんは歩兵第十五連隊の一員として、満洲のチチハルに駐留。そして、南方へ転進することになったのであった。

「アメリカ軍が攻め上がってきたため、南方が厳しいということでした。それまではソ連軍との戦闘を想定していましたが、急に敵がアメリカに変わったわけです」

◆

三月二十八日の正午、約一万二千人もの兵員と二カ月分の食糧や燃料、弾薬などを乗せた三隻の輸送船が、大連港を出港した。輸送船の名前は「能登丸」「阿蘇山丸」「東山丸」で、いずれも一万トン級の貨物船である。中川が指揮する歩兵第二連隊の主力は「能登丸」に乗船。中川は同船の輸送指揮官も務めた。

出航と同時に、第十四師団は第二軍の戦闘序列より脱し、第三十一軍の麾下に入った。第三十一軍は昭和十九年（一九四四年）二月に編成されたばかりの軍で、中部太平洋方面を作戦地域としていた。司令部はサイパン、司令官は小畑英良《ひでよし》中将である。

パラオ諸島の歴史

この時点での船団の目的地は、サイパン島やグアム島から成るマリアナ諸島である。本書の主要な舞台となるパラオ諸島が属するのは西カロリン諸島であって、マリアナ諸島ではない。

だが、ここであえて、パラオについての記述へと筆を移していきたい。

パラオ諸島は、赤道に程近い西太平洋上に位置する。気候は常夏で、四季の区別はない。世界有数の美しい珊瑚礁を誇るこの島々にヨーロッパ人が姿を現したのは、十六世紀頃と言われる。その後の一八八五年には、スペインがこの地を植民地化。パラオはスペイン領ミクロネシアとなり、原住民は厳しい搾取の対象となった。だが一八九九年、スペインはグアム島を除くスペイン領ミクロネシアを四百五十万ドルでドイツに売却した。

一九一四年、第一次世界大戦が始まると、日本は連合国側の一国としてドイツに宣戦布告。日本海軍はパラオに駐屯していたドイツ軍の守備隊を降伏させ、同島を占領した。

一九一八年十一月、ドイツの降伏によって第一次世界大戦は終結。一九二〇年、国際連盟の決定によって、パラオを含むミクロネシア（南洋群島）は、日本の委任統治領となった。

島の中心都市はコロール島のコロールである。コロール島とその北方に位置するバベルダオブ島は、合わせて「パラオ本島」と呼称されるようになった。

コロールには南洋群島全体を管轄する行政機関「南洋庁」が設置され、病院や郵便局、港湾施設、気象台、高等法院などが次々と設けられた。日本は国策として広く入植者を募集し、この地の開拓に努めた。

また、小学校や実業学校といった教育機関も立ち上げられた。日本語による学校教育が現地の人々に対しても行われるようになり、島民の識字率は飛躍的に向上。このような統治方法は、搾取と愚民化政策を基盤としたそれまでのスペインやドイツの方針とは全く異なるものであった。

昭和十五年（一九四〇年）十一月十五日には、海軍の第三根拠地隊が設置され、パラオ地区の警備を担うようになった。

作家の中島敦も昭和十六年（一九四一年）七月からパラオに移住し、コロールで暮らしている。日本語の教科書の編集書記として、南洋庁に赴任したのであった。

同年末の日本人入植者の数は、二万三千人に及んでいる。彼らの大半は、サトウキビやパイナップルの栽培といった農業に従事した。また、カツオ漁やマグロ漁といった漁業で生計を立てる者も多かった。

ペリリュー島及びアンガウル島では、リン鉱石の採掘が盛んに行われた。両島で採取される良質のリン鉱石は、肥料の原料として需要が高く、パラオの主要産品の一つであった。

ある島民の回想

パラオにおける日本統治時代について、島民の方々にお話を伺った。

パラオ本島で暮らすマリア・アサヌマさんに生年月日を聞くと、癖のない日本語で、

「昭和四年八月十五日」

との答えが返ってきた。マリアさんの父親は日本人、母親はパラオ人だという。マリアさんの話す日本語は、語彙が豊富とは言い難いが、発音は日本人のそれに近い。

「当時は日本人がいっぱいいてね。豊かだったよ。コロールにはお店がいっぱいあって。商店街ね。ずっと屋根があったから、雨が降っても傘がいらない。スコールがきても大丈夫」

マリアさんは朗らかな表情で微笑む。

「大きな公園があったり、噴水があったり。よく遊んだよ。日本人はよくやってくれたから、栄えていましたね」

学校についてはこう話す。

「日本人が行くのは尋常小学校、私たち島民は公学校ね。公学校の先生は日本人。親切でしたよ」

島民向けの教育機関である公学校は、本科が三年、補習科は二年の年限であった。義務教育課程の本科には八歳前後で入学し、成績の優秀な者が補習科に進んだ。授業は日本語で行われ、特に国語教育に力が注がれた。マリアさんが往時を懐かしむ。

「学校は別でも町では日本人と一緒。日本人の友達、いっぱいいたよ。日本時代は良い思い出ですよ。本当に」

前駐日パラオ大使が語る日本時代

前駐日パラオ大使であるミノル・ウエキさんは、昭和六年(一九三一年)、コロール島で生まれた日系パラオ人である。父親が日本人で、母親がパラオ人だというウエキさんは、巧みな日本語でこう話す。

「日本時代のパラオは、とても繁栄していました。町もきれいで、店もたくさんあって、私たちは『第二の東京』なんて言っていたんですよ」

ウエキさんの父親は、島内で様々な商売をしていたという。ウエキさんは少年時代の日々をこう振り返る。

「私は尋常小学校に通いました。日本人か、私のように日本人の血が入っている日系の島民が行く学校ですね。日系の島民でも、日本の国籍がない子は公学校に通いました」

同じ日系の島民でも、尋常小学校に通う子もいれば、前述のマリア・アサヌマさんのように公学校に通う子もいた。ウエキさんはこう続ける。

「当時は大和村とか朝日村、清水村といった日本人が多く住む集落が幾つもありましたが、そういった村の近くに日本人用の学校ができたわけです。パラオ人で優秀な成績だった子は、木工徒弟養成所という学校に進むこともできました。製材の技術などを学べる教育機関です」

日本人とパラオ人の子供同士の関係というのは、どのようなものだったのであろうか。

「仲良くやっていましたよ。普段の学校は別でしたが、一緒に運動会をしたこともありましたし、町では普通に遊んでいましたね」

はっきりとした目鼻立ちの顔貌を時おり緩やかに崩しながら、ウエキさんの回想は続く。

「スポーツは野球が盛んでした。日本人が野球を教えてくれました。日本人とパラオ人でよく試合をしましたよ。今もありますが、コロールにアサヒ・スタジアムという野球場がありましてね。パラオのチームも強くて、日本に勝ったこともありました。一度、慶応大学の野球部が島を訪れたことがありましたが、その時は日本のチームとばかり試合をして、パラオ人のチームとはやらなかった。それで『パラオ人に負けたら恥だからやらないのだろう』なんて話も出ていました」

ウエキさんは日本人とパラオ人が親しく付き合っていたことを強調した上で、微妙な関係性についても丁寧に話してくれた。

「日本人とパラオ人は良い関係を築いていましたが、それでも全く差別がなかったと言い切るのは難しいですね。いつの時代にも、差別する人というのはいるのではないでしょうか。当時、同じ日本人のはずなのに、沖縄の人を差別したりする内地の人もいました。ですから、島民を差別する人も当然いましたよ。当時、島民という言葉を『野蛮人』といった悪いニュアンスで使う人もいたと思います。そういう時は、反感を覚えましたね。『島の人』という表現なら全く問題なかったんですけれども。沖縄の人と島民だったら、沖縄の人のほうが上でした。内地の人、沖縄の人、そして島民。私たちは三番目かな」

澤地久枝著『ベラウの生と死』によれば、昭和十二年（一九三七年）のパラオ在留日本人中、実に四十二・一％が沖縄県人だったという。戦前の沖縄では、経済的な理由から海外に出稼ぎに行く者が多かった。一人が出稼ぎ先で生活を立てることに成功すると、その家族や親族が次々とその地に続くのが普通であった。当時のコロールには、沖縄人街もあったという。ウエキさんはこう語る。

「子供同士で時々、喧嘩になるでしょう？　内地の人と沖縄人が喧嘩になると、私たち島民はいつも沖縄人の味方になっていました。沖縄人とは特に仲が良かったですね。でも私も日本人と喧嘩したことありますよ」

ウエキさんが豪快な笑い声をあげながら、淀みなく続ける。

「ただし、そういうことは一部であったけれども、アメリカで白人が黒人にしたような、本当に深刻な差別というのでは決してありません。ほとんどの日本人は、島民と仲良くやっていました。それは間違いありません」

開戦後のパラオ

だが、そんな平和で穏やかなパラオの地も、昭和十六年（一九四一年）十二月の日米開戦以降は、徐々に雰囲気が変わっていく。

開戦時、日本軍はパラオを南方作戦の拠点として位置付けた。フィリピン攻略戦に参加した一部の兵力は、パラオから出撃した部隊である。前駐日パラオ大使であるミノル・ウエキさんはこう話す。

「戦争が始まってからは、尋常小学校が国民学校という名前に変わりました。その後、日本人の人口が増えていったため、第二国民学校もつくられました。国民学校では毎朝、北のほうに向かって宮城遥拝しました。それはパラオ人が通う公学校でもやっていましたよ。パラオ人も『私は立派な天皇陛下の赤子《せきし》になります』と。天皇陛下は本当に神様でした」

ウエキさんが続ける。

「その後、私は中学校に進学しました。中学校は日本人か、日系の島民しか行けませんでした」

南洋庁立パラオ中学校は、昭和十七年（一九四二年）の創立。修業年限は五年である。中学時代の思い出について、ウエキさんはこう語る。

「中学生の時には、勤労奉仕に出るようになりました。日本がバベルダオブ島のアイライという地に建設していた飛行場ですね。現在も使われている国際空港の元ですよ。当時、中学生は五十人ほどでしたが、工事現場には日本の軍人もいましたし、パラオ人もいました。私たちは、ボーキサイトをモッコで担いで運んだりしていました。陸軍の将校が二人くらい、私たちに付いていました。『今日も一日、元気に頑張れ』とか言われましたよ」

それでもパラオには、直接の戦火はいまだ及んでいなかった。日本軍の真珠湾攻撃以降も、パラオには南の島特有の安閑とした雰囲気が少なからず残っていたという。

海軍兵士が見たコロール

昭和十七年（一九四二年）にパラオに赴任したという一人の元海軍兵士の方にお話を伺った。

野口第三郎さん（98歳）は大正九年（一九二〇年）、熊本県の南関町で生まれた。南関町と言えば、中川が少年時代を過ごした山あいの町である。野口さんは中川より二十歳以上も年下であるため、直接の面識などはない。野口さんは大原尋常小学校を卒業した後、中川と同じ旧制玉名中学校に入学。つまり、中川とは世代は違うが同郷であり、かつ中学の後輩という間柄になる。

野口さんは同校卒業後、熊本師範学校に進学。卒業後の昭和十六年（一九四一年）、佐世保海兵団に入団した。

「外国に行きたかったので、海軍を選びました」

同年、野口さんは戦艦「榛名」に乗艦。そして、昭和十七年一月、パラオ本島に赴任した。

「榛名に乗って、パラオ本島に行きました。パラオには次の作戦までの二カ月間ほどいましたね」

中川についてはこう語る。

「同郷とは言え、当時の私は中川さんのことを知りませんでした。私は海軍でしたし、中川さんがパラオに赴任する前の滞在でしたからね。中川さんについては、戦後になって聞いたという次第です」

今も南関町で暮らす野口さんは、同町とパラオの意外な接点について教えてくれた。

「パラオ最大の町であるコロールには、デパートが二つありました。南貿百貨店と中島百貨店です。その中島百貨店の経営者が、実は玉名郡の岱明町《たいめいまち》の出身でした。そして、その経営者の弟さんで副店長だった方のところに、南関町のお医者さんの娘さんが嫁いでいたんです。その関係で当時、南関町から多くの人たちが、中島百貨店の店員として働きに出ていました」

幼少期を南関町で過ごした中川が、そんなパラオにやがて赴任してくるのは、なんとも不思議な話である。野口さんが続ける。

「休みの日には、中島百貨店によく買い物に行きました。そこでは故郷の言葉が飛び交っていて、とても懐かしかったですね」

百貨店で買い求めたのは、主に「読み物」だったという。

「日本の新聞が、一週間遅れくらいで届いていました。それで『新聞ではなく旧聞だ』なんて言っていましたが、よく買って読みましたよ。それから本ですね。兵隊たちはみんな、活字に飢えていました」

野口さんによれば、戦時下とは言えその頃のパラオには、いたって穏やかな雰囲気が漂っていたという。

「パラオ本島は珊瑚礁で囲まれていますが、三箇所だけ環礁の切れた出入り口がありました。そこさえ見張っておけば、敵の潜水艦も入れない。だから島内は安全でした」

島民たちの暮らし

パラオでの食生活について、野口第三郎さんはこう話す。

「海軍の場合、食べ物は船にいっぱい積み込んでいますからね。当時は不自由しませんでした。船には脚気《かっけ》を予防するための麦飯が積んであるのですが、あまり食べませんでしたね。その他、酒やビール、缶詰、砂糖なども豊富にありました。酒は灘の生一本、一番いいやつです。ただし、水と野菜はいつも不足していました」

時おり遠くを見つめるような表情を浮かべながら、野口さんが続ける。

「日本人が通う小学校を見に行ったこともありました。当時は尋常小学校から国民学校という名称に変わっていたと思います。島民が通う公学校にも行きました。公学校の教室は、板間ではなく土間でしたね。土の上に机を置いていました。私が見た公学校には、日本人の先生の他、パラオ人の先生もいました」

野口さんは、パラオ人の教師の自宅を訪問したこともあるという。

「時間がある時に、パラオ人の先生の家にお邪魔しました。日本の酒はなかったのですが、ヤシ酒がありました。島の人たちは、もっぱらそれを飲んでいましたね。彼らの生活の中心は、ヤシの木なんです。島民にとっては、ヤシの木が一番重要。例えば、日本だったら平たい土地の価格が高くなりますが、当時のパラオではヤシの木が生えやすい水気のある斜面が一番価値があるという話でした」

日本人とパラオ人の関係は、野口さんの目にはどう映ったのであろう。

「島には大勢の日本人がいましたが、島民たちとは仲良くやっていましたよ。日本人が優れた政治をしているというので、島民は凄く感謝していました」

そんな野口さんだが、ペリリュー島には上陸していないという。

「ある時、帆走訓練をしたことがありました。八人漕ぎのボートに帆を付けてやったのですが、その時にペリリュー島の近くまでは行きました。隊長から『あれがペリリュー島だ』と聞きましたが、上陸はしておりません」

三月空襲

昭和十八年（一九四三年）九月三十日、御前会議の場において「絶対国防圏」が策定された。これは「日本が絶対に確保すべき防衛ライン」を定めたもので、具体的には「千島、小笠原、内南洋（中西部）、西部ニューギニア、スンダ、ビルマを含む圏内」とされた。

パラオは「内南洋」にあたるため、絶対国防圏内として認められたことになる。軍中央はこの決定に基づき、パラオ方面の防備を強化する構想を固めた。これが後の第十四師団の転進へと繋がっていくことになる。

十月には豪北方面に第二方面軍が設けられ、パラオはその後方兵站《へいたん》基地とされた。米軍はパラオに確実に近づいていた。昭和十九年（一九四四年）三月三十日から三十一日にかけては、米軍によるパラオへの大規模な空襲が行われた。前駐日パラオ大使であるミノル・ウエキさんは、この空襲の罹災者の一人である。

「私たちパラオ人は『三月空襲』と呼んでいます。中学生の私はその日、勤労奉仕で飛行場にいましたが、急に米軍の飛行機が姿を現しましてね。それで爆撃が始まりました。本当に凄かったですよ。私たちは川に沿って歩き、山の中に逃げ込みました。しかし結局、この時の空襲で、飛行場で働いていた人たちにも多くの犠牲者が出ました。私の先輩も二人、亡くなりました」

行き先の変更

ここで話を中川が属する第十四師団に戻そう。

「三月空襲」が始まった三月三十日、第十四師団を乗せた輸送船団は、朝鮮の鎮海湾に停泊していた。翌三十一日の早朝、同輸送船団は内地に向かって東進を始めた。

船団は門司から瀬戸内海を抜けて本州の南岸を進み、四月三日に横浜港に入港。歩兵第二連隊の一員だった永井敬司さんはこう語る。

「せっかくの内地でしたが、残念ながら上陸は許されませんでした。上層部は上陸していたようですが、私たちはずっと船の中にいました」

この時点でもまだ、同船団の行き先はマリアナ諸島であった。

しかし、先に記したパラオにおける「三月空襲」が、彼らの運命を変えた。この空襲を受けて、第十四師団の行き先がマリアナ諸島からパラオに変更されたのである。この変更は、横浜港入港中に大本営から井上貞衛師団長へ内示として伝えられた。

四月五日、井上は大本営陸軍部に参じ、東條英機参謀総長から師団のパラオへの転用に関する大命を受けた。中川の運命も、こうして大きく変遷した。

同日、横須賀鎮守府では船団会議が開かれた。この場において、同船団は「東松五号船団」と命名された。

翌六日の午前八時十分、横浜港を出た東松五号船団は、千葉県の館山沖に仮泊。将兵たちは宮城（皇居）を遥拝した。

同日、師団から歩兵第二連隊に内示された任地は、パラオ諸島の中のアンガウル島であった。つまり、この時点での同連隊の任地は、ペリリュー島ではなかったのである。作戦秘密地図も交付されたが、中川が手にしたのはアンガウル島の地図であった。中川は大隊長ら幹部を集め、アンガウル島の図上研究を速やかに開始した。

翌七日の午前五時三十分、船団はいよいよパラオ諸島に向かう航海へと出発した。護衛として駆逐艦一隻、海防艦三隻が付けられた。木更津航空隊の戦闘機が、上空を旋回して船団を見送った。歩兵第十五連隊に属した尾池隆さんはこう語る。

「堂々たる輸送船団でしたね。何隻も護衛が付いて、館山沖から外洋へ出ました。私たちは船の上から、故郷や皇居に向かって『これから行きます』と改めて敬礼したわけです」

潜水艦との交戦

四月十日、東松五号船団は小笠原諸島に属する父島の二見港に寄港した。「敵機動部隊がパラオ・トラック方面に策動中」との情報がもたらされたためである。さらに、パラオではこの時期、米軍が敷設した機雷の掃海作業が進められていたが、これが終了するまで同船団は父島で待機することになった。

この父島での待機中に、歩兵第二連隊の任地はアンガウル島からペリリュー島に変更となった。ついに中川の手に、ペリリュー島の作戦秘密地図が渡ったのである。

四月十一日、第三十一軍命令として「備作命甲第二十五号」が発令。第十四師団に対し、以下のように命じられた。

〈「ペリリュー」「アンガウル」「パラオ」本島及「ヤップ」各航空基地ヲ堅固ニ守備シ之ヲ絶対確保ス　之カ為諸隊到着後遅クモ一ケ月以内ニ野戦陣地ヲ完成シ爾後二ケ月以内ニ特火点ヲ有スル堅固ナル野戦陣地ヲ完成シ引続キ之ヲ強化シテ要塞化ス〉（『戦史叢書　中部太平洋陸軍作戦〈2〉ペリリュー・アンガウル・硫黄島』）

この時点で「野戦陣地の要塞化」という構想が伝えられている点は興味深い。同時に、第十四師団長・井上貞衛中将が「パラオ地区集団長」を兼務する旨も伝えられた。

父島での待機は長引いた。パラオでの機雷掃海の作業に、遅れが生じたためである。その間、父島では厳しい訓練が繰り返された。

ようやく出航が叶ったのは、四月十八日の午後五時頃である。歩兵第十五連隊に属した尾池隆さんは、出航時のことをこう振り返る。

「沈められるのを覚悟した強行の出航ですよ。指揮官がそう言っていましたから。『ここで撃たれても強行するから』と」

同船団は敵の攻撃を避けるためジグザグに走航したが、敵襲に遭うこともしばしばだった。尾池さんが言う。

「米軍の潜水艦が、魚雷で攻撃してきました。それを避けるために、巨大な貨物船が赤い下腹を見せるようにして、思いっきりカーブを切る。もう、えらいもんですよ。輸送船の甲板には、陸軍部隊が使えるようにと大砲が幾つも並べてありましたが、それを撃つ時がきた。『左舷三十度、距離三千、潜水艦出現』と。我々は甲板で、とにかく大砲を撃ちました。火薬の煙が濛々として、鼻がツンツンするほどでした。輸送船と潜水艦の撃ち合いが始まっちゃったわけです。結局、潜水艦は逃げたようでした。そんな戦闘を経て、なんとか我々はパラオにたどり着いたんです」

第四章　住民へ退避を指示

ペリリュー島へ

昭和十九年（一九四四年）四月二十四日の午前十一時三十分、多くの困難を乗り越えて、東松五号船団はパラオ港外のガレツ泊地に到着した。大連港を出港してから、実に約一カ月後のことであった。

パラオ港はアメリカ機動部隊の攻撃によってその所々がすでに破損しており、港内の掃海も不充分だったことから貨物船が着岸できず、ガレツ泊地からマラカル埠頭までは大発《だいはつ》によるピストン輸送で上陸することになった。大発とは「大発動艇」の略称で、陸軍の上陸用船艇のことである。

揚陸は「五十時間以内」と定められ、昼夜兼行の作業が始まった。揚陸時の様子を、歩兵第十五連隊の一員だった尾池隆さんはこう話す。

「到着後は休む間もなく、荷物を揚げ続けました。夜は米軍の飛行機の攻撃を避けるため、ライトを消した中で作業しました」

パラオの中心地は、南洋庁の置かれたコロール島のコロールである。しかし、パラオ地区集団の集団司令部は、バベルダオブ島に設置されることになった。すでにコロールが、米軍の空襲によって大きな被害を受けていたためである。

歩兵第二連隊の連隊長を務める中川州男が守備隊長として赴任するペリリュー島は、コロール島から南西へ約四十キロの位置にある。

一方、尾池隆さんが属する歩兵第十五連隊は、コロール島とバベルダオブ島から成るパラオ本島に駐留。その他、歩兵第五十九連隊の基幹は、ペリリュー島のさらに南西に位置するアンガウル島の守備を担うことになっていた。

揚陸作業は続いていたが、中川は四月二十六日の未明、いち早くペリリュー島に向かった。『水戸歩兵第二聯隊史』には、こう記されている。

〈連隊長（著者注・中川）は、ふ頭において揚陸作業を陣頭指揮していたが、作業が順調に進展しているのを見届け、揚陸完了を待たずに連隊の指揮を富田少佐に命じ、自らは大

里大尉、各隊連絡将校、下士官および通信兵を伴い、大発によりペリリュー島に急行した〉

富田少佐とは富田保二少佐、大里大尉とは大里信義大尉のことを指している。

少しでも早く現地を見たいというのが、野戦指揮官として名を上げた中川の率直な思いだったのであろう。暗夜の中、中川を乗せた大発は、ペリリュー島に向かって南下した。

午前五時三十分、中川はペリリュー島北岸のガルコル波止場から上陸。日の出前の薄暗がりの中で、中川はペリリュー島における第一歩を踏みしめた。

中川はそのまま海軍第三十六航空戦隊司令部に赴き、着任の挨拶をした後、引き継ぎについて協議。陸海軍の協同作戦に関しても意見を交換した。

◆

翌二十七日、歩兵第二連隊の将兵たちも、ペリリュー島へ向かう船への乗船を開始した。

その時の光景を、パラオ本島に駐留する歩兵第十五連隊の尾池隆さんが目撃している。

「歩兵第二連隊はペリリュー島へ向かうということで、みんな背嚢《はいのう》を背負って、船にぞろぞろと乗船していいました。鉄砲を担いで、背中を丸めてね」

尾池さんは中川についてはこう語る。

「私は実際にお見かけしたことはありませんが、私たち歩兵第十五連隊の連隊長とは同期という話でした。『同期だから、お互いに知り尽くしている仲なんだ』と聞いておりました」

歩兵第十五連隊の連隊長は、福井義介《ぎすけ》大佐である。尾池さんの言う通り、中川と福井は陸軍士官学校の同期生で、まさに昵懇の間柄であった。

その後、歩兵第二連隊の将兵たちは、無事にペリリュー島に到着。早速、揚陸や宿営の作業へと移った。歩兵第二連隊の第二大隊に所属した永井敬司さんは、ペリリュー島の第一印象をこう語る。

「とにかく緑が濃いのに驚きました。それまでは荒涼とした満洲に長くいましたからね。まるで別世界のように感じました。その美しさには息を呑みましたよ。日本の木々というのは、空に向かってだいたいまっすぐに伸びているでしょう？ しかし、ペリリュー島ではヤシの木とかマングローブが斜めに伸びている。それがなんとも芸術的だなと感じました」

永井さんが言葉を継ぐ。

「もちろん、厳しい戦闘への覚悟はしていました。しかし、同時に『こんなきれいな島で本当に戦争をするのかな』とも思いましたね」

タピオカ事件

一方、パラオ本島に駐留した歩兵第十五連隊の尾池隆さんは、アイライの飛行場建設現場の手伝いに駆り出されるようになった。

「演習もありましたが、それよりも飛行場の建設が大事だという話でした。今も空港として使われていますが、あの飛行場は私たちがモッコを担いだり、鶴嘴《つるはし》を振ってつくったんですよ」

前駐日パラオ大使であるミノル・ウエキさんも「勤労奉仕でアイライの飛行場建設を手伝った」と語っていた。当時の日本側がいかにパラオ本島の飛行場の完成を急いでいたかがわかる。

尾池さんはパラオ本島での生活をこう振り返る。

「パラオ人が時々、食べ物をくれるんです。ビンロウ樹とか、漬物とかですね。パラオの人たちは、日本の兵隊によくしてくれました」

ビンロウ樹はヤシ科の常緑高木で、楕円形の果実がなる。種子は「嚙みタバコ」の一種としても使用される。しかし、尾池さんによれば、食べ物に関して忘れられない不幸な出来事もあったという。

「タピオカの原料になるキャッサバというのがありまして、蒸して食べると美味しいのですが、あれには二種類あるんです。皮を剝くと中身が赤いのと白いの。で、赤いほうは危ないんです。飯盒で蒸してから『うまいなあ、うまいなあ』なんて食べていると、目を剝いて硬くなって死んでしまう。青酸カリが入っているという話でした」

キャッサバにはシアン化合物（青酸配糖体）のリナマリンなどを含む品種があり、その毒性には充分に注意する必要がある。

「そんなことがあったものだから、『タピオカ事件』ということで、『赤いキャッサバは食うな』と会報で知らされたんです。せっかくパラオまで行ったのに、戦う前にキャッサバを食って死んじまうなんて、ひどい話ですよ」

島内視察

ペリリュー島は南北約九キロ、東西約三キロの小島である。珊瑚礁が隆起してできた石灰岩の島で、日本からは南へ約三千二百キロの位置にある。ペリリュー島に着任した中川は、ひとまず島の公学校に連隊の本部を置いた。

中川は島内の視察に多くの時間を割いた。中川には専用の乗用車が用意されたが、実際には馬に乗って移動することも多かった。中川がまず着手したのは「現状の正確な把握」であった。

中川は島内を隈なく巡りながら、島の防備があまりに心もとない状態であることを確認した。『水戸歩兵第二聯隊史』には、以下のような記述がある。

〈連隊が上陸当時のペリリュー島は、全く無防備に等しく、もしこの状態で敵の攻撃をうければ、ひとたまりもなかったであろうと思うとぞっとするものがあった〉

中川は島内を東、南、北という三つの地区に分け、それぞれに歩兵大隊を配備。また、米軍の空襲に備え、戦闘資材を分散して格納させた。

さらに、中川は海軍航空部隊の好意によって提供された中型爆撃機に搭乗し、上空からも島の地形を細かく検証。作戦担当将校や大隊長らも同乗させ、何度も地形を精査した。このような周到な準備が、後の戦闘時に大きく役立つことになる。

現場からの叩き上げである中川は、徹底した「準備の人」でもあった。

第十四師団参謀長・多田督知

パラオ本島の集団司令部内でも、ペリリュー島の防備について様々な議論が交わされた。同師団の師団長は井上貞衛中将、参謀長は多田督知《とくち》大佐である。

当時の集団司令部内の動向に関して、戦後に行われたとある対談の中に興味深い証言がある。話しているのは、歩兵第十五連隊第三大隊長だった中村準である。

〈井上中将は多田参謀長に全部を委せるという態度を取られ、この参謀長がすべてを切り廻すという形になった。多田大佐は実に切れる人で、何もかも自分でやり、他の参謀は彼を敬遠して、部隊によく連絡に来ていた〉(『闘魂・ペリリュー島』)

多田は陸軍士官学校の第三十六期生。陸軍大学校を出て、陸軍省軍事調査部員、東京帝国大学経済学部聴講生、内閣情報部員兼参謀本部部員、陸軍大学校兵学教官、第二十三軍参謀、朝鮮軍参謀などを歴任し、第十四師団参謀長となった人物である。陸軍のエリートコースを歩んだ俊才と言っていい。

前述の中村の証言に対して、同じく歩兵第十五連隊の将校であった川田四郎がこう返す。

〈ただ私らに一つ分らないことがあった。それは多田大佐が一度もペリリュー島に廻って来たことがないこと。飛行機で上空から見ることとさえしていなかったこと。師団長も、他の参謀もみな現地視察に来たが、多田大佐だけは本島を一回も出なかった。この人が現地を見ずに、地図の上で計画するというところに、私たちは奇怪な感じを受けた〉（同書）

多田とはいかなる人物だったのであろうか。多田が第十四師団参謀長としてパラオに着任する前に、とある雑誌に寄稿した文章が残っている。その雑誌とは、偕行社編集部の発行による『偕行社記事』で、多田は昭和十三年（一九三八年）十一月号から五回にわたり、「日本戦争論」と名付けた連載記事を同誌に寄せている。

その論文の中で多田は、クラウゼヴィッツの思想を細かく解説し、さらにはマルキシズムやリベラリズムに関しても健筆を振るっている。そして、日本人の思想の源として『古事記』に言及し、「戦争を経た究極の永遠の将来」として「全人類が天照大神様を共同祖先として祭り合う状態」と説く。

多田の綴った文章を読むと、彼が俊秀であった反面、「理論先行型」の人物であった一面は否めないように感じる。中国大陸の戦場で血や泥に塗れながら戦功を残し、第一線の現場から階級を上げてきた中川とは異なるタイプの軍人であったと言えよう。そんな多田には「名参謀」との評価がある一方、「大本営の顔色ばかり窺っている」といった声もあった。

軍隊内には、様々な思索や意思が混在する。それらを内包しながら、ペリリュー島の防備計画は進められている。

地下複郭陣地の構築

そのような状況の下、ペリリュー地区隊長という役職にある中川が推し進めたのが、島内に点在する天然の鍾乳洞などを利用して、強固な地下複郭《ふくかく》陣地を築くことであった。

複郭陣地とは、壕と壕とを直角を交えた通路などで結んだもので、長期持久戦を期して最後まで抵抗するための陣地のことを指す。通路に直角の部分を設けるのは、敵が手榴弾を投げ込んできた場合などに、爆風を抑える効果が期待できるためである。

細かな島内視察の結果として中川が着目したのは、島の中央部に広がる山岳地帯であった。石灰岩の浸食作用により、ペリリュー島の山岳部には鍾乳洞や亀裂、切り立った渓谷などが無数に点在していた。さらに、リン鉱石の採掘場も、壕として利用できそうだった。

そういった独特の地形を、中川は最大限に活かそうと考えたのである。

前述の通り、中川は大連を出発する際、大本営陸軍部参謀の堀栄三から「洞窟陣地を構築しての持久戦」という構想をすでに聞いている。太平洋戦線で米軍の進撃を食い止め、時間を稼いでいるうちに、フィリピンなどの戦闘準備を整えるという基本方針を大本営は有していた。そんな大本営の意向を現場で実際に具現化することが、中川の軍務である。

パラオ諸島の防備については、「パラオ地区集団築城計画」という規定が定められた。「築城」とは「陣地構築」の意味である。

同計画では、コンクリートを使用した「築城強度」の設定が、島ごとに決められた。これによると、パラオ本島が「乙」とされたのに対し、ペリリュー島は「甲」と指定されている。「乙」が「五十キロ爆弾、八ミリ級砲弾の直撃に耐えられる強度」とされているのに対し、「甲」は「百キロ爆弾、十五ミリ級砲弾」まで想定している。この計画を見ると、米軍の狙いがパラオ本島ではなくペリリュー島であることを、日本側が充分に予測していた様子が窺える。

ペリリュー地区隊長である中川はこういった計画に則り、島全体を要塞化して持久戦に持ち込むための準備を進めた。

手作業による掘削作業

こうしてペリリュー島では、地下複郭陣地を構築するための大規模な掘削作業が始まった。地下陣地はもちろん、道路の整備なども同時に進められた。

しかし、作業は困難を極めた。まず将兵たちを苦しめたのが、この島の気候である。パラオに向かう前、歩兵第二連隊が駐屯していた北満は極寒の地であった。かたやペリリュー島の最高気温は、三十度を軽く超える。さらに、地下洞窟内は高温多湿で、兵士たちの体力を容赦なく奪っていった。兵士たちは時に軍服を脱ぎ、ふんどし姿になって掘削作業にあたった。永井敬司さんが当時を振り返る。

「とにかく珊瑚が固いんです。本当に大変でしたよ。それでも毎日、昼夜兼行でチャンカン、チャンカンと少しずつ掘り進めていきました。時にはダイナマイトを使って、特に固い部分を吹っ飛ばしたりしました」

しかし、ダイナマイトは不足しがちで、掘削の大部分は手作業で進められたという。

こうした状況に鑑み、五月二十四日にはそれまでパラオ本島に駐留していた歩兵第十五連隊の第三大隊がペリリュー島に移動。ペリリュー地区隊に編入され、中川の指揮下に入った。尾池隆さんはこう説明する。

「水戸の第二連隊だけでは足りないだろうということで、パラオ本島にいた私たちの連隊の中から一個大隊がペリリュー島に移動となりました」

尾池さんが属する第二大隊は、そのままパラオ本島に残った。

歩兵第十五連隊第三大隊のペリリュー島到着と共に、中川はそれまで三つに分けていた区画を、東、西、南、北という四つの区分に改めた。さらに中川は、長い砂浜のある西地区を米軍の上陸地点と予測。飛行場のある南地区と共に、より堅牢な陣地を構築するよう指示を出した。

ペリリュー島に移動となった歩兵第十五連隊第三大隊の大隊長であった中村準は、新たに携わるようになった陣地構築の軍務に関して、戦後にこう記している。

〈大隊は全力を挙げて陣地構築作業に没頭した。爆薬類は皆無。地質は珊瑚礁のためコンクリート以上の固さだ。灼熱の熱帯の太陽をまともに受ける炎天下、将兵は黙々と作業に従事した〉（『闘魂・ペリリュー島』）

進む陣地構築

ペリリュー島の人員はこうして増強されたが、それでも作業は難航した。そこで中川はパラオ本島の集団司令部に対し、さらなる応援部隊の派遣を要請。これを受けて、パラオ本島に駐屯していた歩兵第十五連隊の福井義介連隊長は、第二大隊の一部などをペリリュー島に追加派遣し、作業を手伝わせることを決断した。歩兵第十五連隊第二大隊の一兵士であった尾池隆さんも、応援部隊の一人となった。

「私もペリリュー島まで出向いて、陣地構築を手伝うようになりました。ペリリュー島までは船で二時間ほど。日帰りだったり、二泊くらいしたこともありました。あの島は固い岩が多いため、鶴嘴がなかなか通らなくて本当に大変でした。蚊もやたらと多くて、兵隊はみんな苦労したんですよ。泊まる時は、木々を切り拓いて、ヤシやビンロウ樹の葉っぱで簡単な屋根をつくり、その下で眠りました」

その間、米軍の散発的な空襲はあったが、作業は続けられた。

ペリリュー島には川がないが、珊瑚で海水が濾過された天然の水場が幾つかあった。完全な真水ではなかったが、兵士たちはそれらを飲んで喉を潤した。その他、この島特有のスコールがきた時には、ドラム缶などに雨水を溜めた。また、陣地構築の合間を縫うようにして、演習も実施された。

中川は島内の各地を精力的に巡り、兵士たちを激励した。時には中川自ら、泥に塗れて作業に参加したこともあった。中川は一切の妥協を許さなかったが、休憩時間には兵士たちと共に談笑することもあったという。

水戸二連隊ペリリュー島慰霊会の事務局長を務める影山幸雄《さちお》さん（73歳）は、ペリリュー戦からの生還者である元兵士の方々から様々な体験談を聞いた経験を持つ。影山さんはこう語る。

「ペリリュー島からの生還者の中には、中川大佐と直接の接触があった元将校の方々もいました。みなさん、もう亡くなられましたが、そんな方々がよくおっしゃっていたのは、『中川大佐は実に細やかな人だった』ということです」

影山さんの父親は、かつて歩兵第二連隊に所属していた。しかし、同連隊がペリリュー島に派遣される前に除隊となったため、生き残ることができた。こうした縁から慰霊会の活動をするようになった影山さんが、次のような話を伝える。

「ペリリュー島からの帰還兵の一人である山口永《えい》さんという元少尉の方がおっしゃっていましたが、中川大佐は将校を定期的に昼食などに呼んで一緒に食事をし、そこで陣地の配備や兵員の動きなどを聞くということを常にやっていたそうです。縦社会である軍隊では、連隊長ともなると自分の側近を通じて下に指示を出していくのが普通なわけですが、中川大佐の場合は末端の将校にまで直接、話をしたと」

山口は歩兵第二連隊の第二大隊第六中隊小隊長を務めた人物である。影山さんが続ける。

「山口さんは『中川大佐は雲の上の存在なので、呼ばれると緊張して困った』ともおっしゃっていました。そして、呼ばれると随分と細かいことまで聞かれたそうです」

小畑英良中将の来島

影山幸雄さんはこうも話す。

「山口さんの他に、中川大佐と直接の面識があったもう一人の方が大里信義さんです。大里さんは本部付の作戦主任だった方です。その大里さんから聞いたのは、中川大佐が『兵隊たちに定期的にニンニクを食わせろ』と指示していたという話。中川大佐は兵隊の健康や体力にまで非常に気を使っていて、パラオに大量のニンニクを持ち込んだというんですね。ところが、そのニンニクをどこに保管したのか、途中でわからなくなってしまった、と。パラオ本島にあるのかペリリュー島にあるのかもわからない。それで大里さんたちは、上官にはそのことを隠しつつ、『どこに行っちゃったんだろう』と大騒ぎして探したという事件があったそうです。最終的には調達できたらしいのですが」

そんな話をしてくれたという大里は、中川についてこう書き残している。

〈寡黙謹厳にして度量大、真に武人たるの風格あり、就任後日が浅かったにも拘らず、将兵の信望を一身に集め、又将校団の中核として団結を固め、連隊の戦力発揮に卓越した手腕を発揮せられた〉（『闘魂・ペリリュー島』）

五月二十八日には第三十一軍司令官・小畑英良中将が作戦準備指導のため、サイパン島からペリリュー島を訪問。それに合わせて、パラオ本島から集団司令官・井上貞衛中将もペリリュー島を訪れ、揃って島内を視察した。

中川は島内の防御計画について、小畑や井上に報告した。小畑らは西地区を視察し、持久戦を想定した縦深《じゅうしん》陣地などを確認したが、ここで小畑が意外にも主張したのは「水際陣地への変更」であった。小畑は持久戦よりも、水際撃滅作戦の重要性を説いたのである。持久戦構想は大本営の意向に沿ったもののはずであったが、この小畑の指導に配慮するかたちで、一部の陣地は海岸線に進出することになった。こうして陣地の構成は、当初の計画から若干、変更となった。

マリアナ沖海戦

六月九日、それまで作戦主任としてペリリュー島で中川を補佐してきた大里信義大尉が、パラオ本島の独立歩兵第三百五十一大隊長に転出することが決定。後任には、大里と親交の深かった根本甲子郎大尉が就くことになった。

大里がペリリュー島を出てパラオ本島に向かう六月十五日の朝、洞窟内に設けられた奉安所に中川ら幹部が集結。大里は軍旗を奉拝した。この時、大里は中川から温かい労いの言葉をかけてもらったという。大里は中川についてこう記す。

〈出征にあたり連隊付としてその側近に勤務し、常に謦咳（けいがい）に接している間に、連隊長の人格にますます心服するようになった。連隊長は寡黙謹厳まさに古武士の風格があり、包容力に富み、部下を信ずること厚く、一切を委せてその手腕を発揮させる度量を持ち、指揮官として第一級の人物であり、私の長い軍隊生活で屈指の上司であった〉（『水戸歩兵第二聯隊史』）

同日、米軍はサイパン島への上陸作戦を開始。さらに六月十九日からは、マリアナ沖とパラオ諸島沖で、日本海軍とアメリカ海軍空母機動部隊が交戦状態に入った。いわゆる「マリアナ沖海戦」である。

日本側は空母を中心とした大規模な航空作戦を試みた。しかし、戦いは米軍側の圧倒的な優位で推移した。米軍はこの戦闘を「マリアナの七面鳥撃ち」と呼んだ。当時、パラオ本島にいた尾池隆さんはこう証言する。

「私たちは何の用だかわからないまま、『港へ行け。行けばわかるから』と命じられました。港に行くと、まもなく日本の駆逐艦が入ってきました。マリアナの海戦に参加した駆逐艦がパラオの港に退避してきたのです。立派な駆逐艦が滅茶苦茶にやられていました」

尾池さんがため息をついてから続ける。

「やがて駆逐艦の甲板から、水兵が担架を担いで降りてくる。戦死者をまず船外に出すんですね。そして、次に重傷者という順です。それから、荷物の入った箱を甲板から放り投げてくる。なんでも『これから修理のために呉の軍港まで一夜で行かなければならないから、速度を出すために軽くする』『まだ戦闘中のサイパン沖を通らなければならない』という話でした。私たちは投げ下ろされた荷物を、手分けして整理しました。箱の中には乾パンとか羊羹、ビスケットなどが入っていました。それらは私たちのいいご馳走になりました」

尾池さんは実際に甲板にも上がったという。

「甲板には薬莢なんかがゴロゴロ転がっていて、足の踏み場もなかったですね。大砲も緩んで下に垂れちゃって、まるで鉄屑の山。その後、その駆逐艦は『出航用意』『出航』と港から出ていきました。そうすると、また次の船が入ってくる。その繰り返しでした」

このマリアナ沖海戦により、日本海軍の機動部隊は壊滅。中部太平洋地域における制空権と制海権は、米軍の手に完全に落ちた。

この時、第三十一軍司令官・小畑英良中将はいまだペリリュー島にて作戦指導中であったが、六月二十一日にひとまずグアム島に移動。しかし、戦況の悪化からサイパン島への帰還は叶わず、そのままグアム島で指揮を執ることになった。日本側の混乱は甚大だった。

結局、サイパン島の日本軍守備隊は崩壊。多数の日本人居留民が、断崖から海に身を投げて自決する悲劇も起きた。自決者の数は一万人にのぼるとも言われる。「バンザイクリフ」と名付けられた崖の下の海は、鮮血によって赤く染まったという。

南雲忠一中将や斎藤義次中将らも自決。七月七日には残存兵が「バンザイ突撃」と呼ばれる全滅覚悟の白兵戦を敢行し、これをもってサイパン島における日本軍の組織的な作戦は終わりを告げた。

日本側が策定した「絶対国防圏」は、こうして突破されたのである。

在郷軍人の召集

このような戦況の逼迫に直面し、パラオに駐留する日本軍守備隊の緊張がいっそう高まったのは当然のことである。

七月十日には、パラオ地区に住む千七百四十七名の在郷軍人が召集（第一次）となり、各地区隊に編入された。

また、パラオ本島の集団司令部は、作戦準備の強化を促すため、要塞構築の専門家である村井権治郎《ごんじろう》少将をペリリュー島に派遣することを決定。岩手県出身の村井は、中川よりも七つ年上で、第十三師団歩兵第百十六連隊長などを歴任した人物である。階級は大佐である中川よりも一つ上の少将であった。この村井が以降、歩兵第二連隊の顧問格として、中川と共に指導にあたっていくことになる。

七月二十日、井上貞衛集団司令官より下令された「『パラオ』地区集団命令（照作命甲第一二四号）」にはこうある。

〈南東方面ノ敵進攻準備ハ既ニ完了シアリテ七月下旬以降一挙当集団正面ニ対シ来攻スルノ公算愈々《イヨイヨ》大ナリ〉（『戦史叢書　中部太平洋陸軍作戦〈2〉ペリリュー・アンガウル・硫黄島』）

七月二十五日から二十八日にかけては、パラオ本島及びペリリュー島が激しい空襲に見舞われた。中でもコロールの町は、大きな被害を蒙った。

七月三十一日には、在パラオ地区の在郷軍人に対する第二次召集を実施。この時に召集されたのは、八百九十二名である。

妻への手紙

中川が意外に筆まめであったことは以前の章で触れているが、彼はペリリュー島での困難な日々の合間にも、妻のミツエに手紙を書き送っている。以下に紹介するのは、中川が七月三十一日に綴った手紙である。文中に出てくる「緒方様」というのは、中川の妹であるミヲの嫁ぎ先を表している。ミツエは嫩江で夫を見送った後、内地に戻って緒方家に寄寓していた。

〈拝復六月二十二日付手紙落手仕り候。無事熊本の緒方様宅にて御暮しの由何よりと存じ候。当方その後元気にて第一線勤務に従事、将兵一同愉快に、不自由なく、暮し居り候故御放念被下度候〉

南方における戦況の悪化は、誰の目にも明らかであった。そんな中での「元気」「愉快」「不自由なく」といった言葉の選択は、妻に無用の心配をかけまいとする中川の配慮と捉えていいだろう。二人の間の精神的な紐帯は遠く離れてもなお、強かったと思われる。しかし、その後に続く文章の中には、そんな心遣いの狭間に厳しい現実の吐露が混じる。

〈敵の空襲も最近多少増加仕り候えども、大した事なく候。近々状況も切迫致し居り候。

手紙も船の運航のため余りつかないようになるとも、決して御心配なく御暮し願上げ候〉

結局、この手紙が、中川からミツエへの最後の便りとなった。

ペリリュー地区隊戦闘指導要領

サイパン島の玉砕後、大本営は一つの方針転換を余儀なくされた。すなわち、サイパン戦の戦訓を踏まえ、大本営は「水際撃滅主義」から「長期持久戦」に重点を移す方針を各前線に対して明確に伝達したのである。サイパン戦における海岸線での徹底抗戦は、死傷者をいたずらに増やす結果を招いていた。

また、いわゆる「バンザイ突撃」も、その実行が否定されるに至った。

このような戦術転換の後に迎える最初の大規模な戦闘が、ペリリュー島の戦いということになる。

中川はこの方針転換を考慮しつつ、来るべき決戦への準備をさらに進めた。『戦史叢書 中部太平洋陸軍作戦〈2〉ペリリュー・アンガウル・硫黄島』には、以下のような一文が見られる。

〈八月初めペリリュー地区隊長中川大佐は当面の敵情に関し、「南東方面の敵進攻準備は既に完了し、八月上旬以降敵は一挙に当正面に来攻する公算いよいよ大」と判断した〉

中川はサイパン戦の戦訓に鑑み、従来の計画を一部修正して「ペリリュー地区隊戦闘指導要領」を作成。パラオ本島の集団司令部の承認を得た。そこには以下のような内容が並んでいる。

〈敵上陸ヲ開始セハ過早ニ敵舟艇ヲ射撃スルコトナク隠忍　至近距離ニ於テ海上決死攻撃及凡有《アラユル》水中、水際火力、諸施設ノ威力ヲ統合発揮シ果敢ナル反撃ト相俟テ瞬時ニ敵ヲ撃滅ス〉

〈状況真ニ已ムヲ得サル場合ハ持久ヲ策シ高地帯ヲ堅固ニ保持シ〉

つまり、中川は「水際撃滅主義」と「長期持久戦」の二段構えの作戦を準備していた。

ペリリュー島では「水際撃滅作戦」を説いた第三十一軍司令官・小畑英良中将の指導の結果、海岸線の陣地の構築はすでに終わっており、これからその布陣を後方に移す時間も資材もすでになかった。結局、中川は「海岸線で抗戦するが、突撃などはせず、状況によって山岳地帯に後退する方針」を各部隊に伝えた。その上で、山岳部の複郭陣地を利用し、持久戦に持ち込もうという作戦である。

また、中川は同指導要領において、米軍の上陸が予想される海岸線を細かく区分けした上で、人員はもちろん、速射砲や歩兵砲などの配備についても改めて指示を与えた。

将兵たちの懸命な作業の結果として、陣地は完成に近づいていた。地下壕は縦横に張り巡らされ、一人用のタコ壺や落とし穴なども数多く設けられた。

地下壕には様々な種類のものがあったが、中には出入り口からほぼ垂直に縦穴が掘られ、そこから横穴が何本も枝分かれした様式のものもつくられた。真横からの断面図で言えば、カタカナの「キ」の字に似た地下壕である。このような形状ならば、地上の出入り口から敵兵に手榴弾を投げ込まれたとしても、それらは縦穴の底に落ちるだけで、横穴への爆風は大きく抑えられる。

また、地上の主要道路が交差する地点には、対戦車砲などの照準が合わせられた。さらに、敵の車両を欺くための誘導路も設けられた。

八月十日からは、中川が最終的な視察として各部隊を回り、戦闘の直前段階における迎撃準備の完成状況を検閲。陣地や兵器、資材などの状態を確認した上で、演習を実施した。その結果、中川は改めて態勢を一部修正。中川は最後まで、妥協なく準備を徹底した。後に生還した将校たちが語った通り、中川の指導は実に「細やか」なものであった。

この検閲は、同月十六日まで行われた。

◆

中川が島内を検閲している最中の八月十一日、グアム島の守備隊が玉砕。第三十一軍司令官・小畑英良中将も自決を遂げた。

八月十九日、大本営陸軍部によって「島嶼守備要領」が示達された。本要領においても、「長期持久戦」を徹底する方針などが改めて示された。この要領は翌二十日、パラオ地区集団に伝達された。結局、ペリリュー島における陣地の構成は、以下のような五段階に分けられた。

(1)　水際陣地

(2)　主抵抗陣地
(3)　予備主抵抗陣地
(4)　砲兵、高射砲陣地
(5)　複郭陣地

これがペリリュー戦における最終的な布陣となった。

米軍の狙い

グアム島が陥落した結果、第三十一軍司令部は機能を喪失。その影響から、パラオ地区集団は第三十一軍から南方軍に編入された。総司令官は寺内寿一元帥である。

一方、サイパン島をはじめとするマリアナ諸島を陥落させた米軍の次なる目的は、フィリピンの奪還であった。フィリピンを落とせば、日本の石油輸送を遮断することができる。さらに、台湾や沖縄への攻撃拠点としても絶好の要地であった。そもそもフィリピンを奪い返すことは、かつて日本軍によって同地を追われたダグラス・マッカーサー南西太平洋方面最高司令官の悲願でもあった。

そんな中で米軍が着目したのが、フィリピンの近隣に位置するパラオ諸島であった。中でも大規模な飛行場があるペリリュー島は、フィリピンを奪還するための拠点として最適な地と判断された。ペリリュー島の飛行場を掌中に収めれば、フィリピンのレイテ島にある日本軍の拠点まで無補給で攻撃機を飛ばすことが可能になる。こうして立案されたのが、ペリリュー島上陸作戦であった。

作戦の最高責任者は、太平洋方面最高司令官であるチェスター・ニミッツ大将である。米軍の中には「パラオにそこまでの戦略的な重要性はない」「パラオは迂回すべき」として作戦に反対する声もあったが、ニミッツはこうした具申を退けて、計画を推し進めていった。

米軍側には、ペリリュー島の攻略を楽観視する雰囲気もあった。実際、それまでの太平洋戦線において、米軍は連戦連勝だった。ペリリュー島への攻撃には「アメリカ軍最強」と謳われた第一海兵師団が投入されることになったが、彼らはガダルカナル戦でも大きな戦果を収めていた。

こうして進められたペリリュー島への上陸作戦だが、米軍がフィリピン奪還のために同島を狙っていることは、日本側も充分に予測していた。

いよいよ決戦が近づいている。

住民への疎開指示

米軍の上陸作戦が差し迫る中、日本軍はペリリュー島で暮らす約八百名の原住民と、約百六十名の在留邦人に対し、他の島へ退避するよう指示を出した。

しかし、この逸話に対して「本当にそんなことがあったのか」「美化ではないか」と疑義を呈する声も一部にある。当の歩兵第二連隊の一兵士であった永井敬司さんはこう語る。

「島民を疎開させたのは本当ですよ。私自身は直接、島民を指導するような立場にはありませんでしたが、米軍の上陸が始まる前に疎開が終わっていたのは事実です。島に島民はいなくなっていましたね。これは間違いありません」

現地ペリリュー島でも証言を集めた。今も同島で暮らすイングリッド・キングさん（55歳）の父親は日本人と韓国人のハーフ、母親はパラオ人である。ペリリュー戦の直前、母親はまだ九歳だったが、ペリリュー島から他の島に疎開したという。

「疎開の話は、母親から何度も聞いています。母は『日本軍から言われて、米軍の上陸戦の前に他の島に疎開した』『日本人は島民に被害が及ばないよう、丁寧に指示してくれた』などとよく話していました。『日本人のおかげで助かった』とも言っていました」

前駐日パラオ大使であるミノル・ウエキさんは、沈着な口調でこう語る。

「私の家があったのはパラオ本島でしたが、親戚がペリリュー島にいました。その親戚が『日本軍のおかげで命拾いをした』と話していたのを聞いたことがあります。『戦争になったら危ない。我々と一緒に戦う必要はない』と言われ、強制的に疎開させられたという話でした。いや、『強制的』というよりも『心遣い』ですよね。その親戚の人も『疎開などしなくてもいいだろう。自分の島だ』という気持ちが当時はあったらしいのですが、『後から考えると本当にありがたかった』と話していました。あの疎開は、日本人が『気持ち』でやったことだと思います」

このような疎開を指示した背景には、サイパン島の惨状があったと思われる。日本軍はサイパン島で地上戦が始まる前、同島の日本人居留民に対して本土への疎開指示を出していた。しかし、帰国船が米軍の潜水艦に撃沈され、約五百名もの犠牲者が出たことから、計画は頓挫。結果、サイパン島は住民を巻き込む熾烈な戦いとなり、「バンザイクリフ」のような悲劇を生み出した。

ペリリュー戦では、そのような事態は回避したかったのであろう。日本軍はサイパン島の惨禍を踏まえ、疎開の対象をさらに島民にまで広げるかたちで指示を徹底した。そこにはミノル・ウエキさんが言うように、まさに日本人の「心遣い」や「気持ち」があったに違いない。かつてのスペインやドイツのように、パラオ人を「搾取の対象」として位置付けていたとしたら、このようなことは起きなかったであろう。

それまでの日々において、ペリリュー島の日本軍将兵たちは、島民と共に食事をしたり、歌を唄ったりすることもあったとされる。そんな中で、「同じ国民」としての意識は互いに醸成されていたに違いない。

島民の中には、

「一緒に戦いたい」

と申し出た者もいたとされる。しかし、日本軍はこれを頑なに拒否したという。永井敬司さんはこう語る。

「島民に戦わせるなんてことは、日本軍の誇りにかけてできるはずがありません」

さらに、もう一人の方にお話を伺った。パラオ元大統領であるクニオ・ナカムラ氏（71歳）である。

ナカムラ氏は一九九三年から二〇〇一年にかけて二期八年、パラオ共和国の大統領を務めた。パラオがアメリカから独立した際の大統領である。

ナカムラ氏の父親は三重県出身の日本人、母親はペリリュー島出身のパラオ人である。

ナカムラ氏は一九四三年十一月二十四日、ペリリュー島で生まれた。「クニオ」という名前は中川と同じだが、これは偶然である。中川から取った名前というわけではない。

ナカムラ氏が赤ん坊の時、一家はペリリュー島から疎開した。無論、ナカムラ氏に疎開時の記憶はない。ナカムラ氏は流暢な英語でこう語る。

「戦争の時、私はまだ小さかったので、疎開については覚えていません。しかし、一家で疎開したのは事実として聞いています」

英語の中に時おり、日本語が混じる。

「私の父は伊勢市出身の船大工、母はペリリュー島の首長《しゆちよう》部族の出身です。ペリリュー島の島民は、米軍の上陸作戦が始まる前に、日本軍の命令によって他の島に疎開しました。私の家族はパラオ本島のアイメリークという場所に疎開したという話です」

ナカムラ氏はこちらの目を覗き込むようにして、力強くこう続ける。

「私は先の戦争、特に当時の日本軍とその行動については、昔から大きな関心を持っています。なぜなら、もしあの時、一家で疎開していなかったら、おそらく私は今ここにいないのですから」

第五章　アメリカ軍上陸

激化する空襲

ペリリュー島の戦いについては、「出所の不明な話」や「伝説」のような逸話が少なくない。戦後に書かれたペリリュー戦に関する刊行物を俯瞰すると、あまりに生還者が少なかったことから、ノンフィクションよりも小説のほうが数が多く、そこから派生した話が一人歩きしている側面がある。実話をもとにした質の高い小説もあるが、それらはあくまでもフィクションであり、記述のすべてを史実として受容することは危険である。

そういった現状を踏まえ、本書ではペリリュー戦を記すにあたり、実際に戦場にいた当事者の証言及び手記の他、戦史叢書や連隊史といった公的資料を基礎とした上で、出所の不明な逸話などは削ぎ落としつつ書き進めていく。

昭和十九年（一九四四年）九月五日、パラオ地区集団司令部は、戦闘司令所をバベルダオブ島のアイメリークから同島南部のアルルコウク山に移した。標高二百十四メートルのアルルコウク山からは、ペリリュー島方面を目視することができた。以降、井上貞衛《さだえ》集団司令官は、このアルルコウク山の戦闘司令所からペリリュー島に向けて命令を出していくことになる。

パラオ諸島への空襲は、日増しに激化した。パラオ本島に住むマリア・アサヌマさんは、空襲について日本語でこう話す。

「戦争になる前から私はコロールに住んでいましたが、戦況が悪くなってからは、バベルダオブ島のアイメリークという場所に疎開しました。空襲でコロールが焼けているのを、山の上から見ていた時もあります。爆弾がボーン、ボーンと、まるで火の玉ですよ。南洋神社のほうに日本の大砲があって、日本軍はそれを撃っていたけれど、ダメでしたね。こんな美しい島に爆弾を落とすなんてね」

マリアさんの証言を裏付ける記録がある。海軍大尉だった酒匂武寿が、戦後に書き残した手記の一節である。

〈九月初旬、六日来の再度の敵機動部隊の空襲を受け、コロールの街は殆んど焼野と化し、奮戦した南洋神社裏台地に布陣していた高角砲陣地は、殆んど壊滅の被害を蒙った〉（『闘魂・ペリリュー島』）

以上のような状況を受けて、日本側は米軍の上陸作戦が近いことを改めて予測した。

元海軍上等水兵の証言

米軍の空襲は、九月七日以降も続いた。さらに、ペリリュー島には海上から激しい艦砲射撃が加えられるようになった。これらの攻撃により、ペリリュー島の飛行場は早くも使用不能となった。

海軍上等水兵としてペリリュー島に駐留し、主に対空監視の役を務めていた土田喜代一《きよかず》さんは、当時をこう回想する。

「見張り台で望遠鏡を覗いていると、雲に紛れて敵の艦載機が飛んでくるのが見えます。敵機を発見したら、すぐに上官に報告するわけです」

ペリリュー島への空襲は断続的に続いた。土田さんが顔をしかめる。

「接近する敵機に対し、私は見張り台の上で機銃を無我夢中で撃ちまくりました。しかし、相手の攻撃は凄いんです。気がつくと、見張り台の下に三体ほど遺体が横たわっていたこともありました」

土田さんは大正九年（一九二〇年）一月二十日、福岡県八女郡で生まれた。手先が器用だった土田さんは、八女工業の機械科に進学。八女工業と言えば、中川が配属将校を務めた学校であるが、土田さんが在学したのは中川が赴任した時期のだいぶ後になる。土田さんがそんな事実を知ったのは、戦後のことであった。

同校を卒業した後、土田さんは旋盤工として働いたが、昭和十八年（一九四三年）一月に補充兵として召集。佐世保海兵団に入団した。その後、博多海軍航空隊を経て、横須賀海軍航空学校の見張科に入校。見張科では、戦闘機や軍艦を見分けるための知識を徹底的に習得した。同校卒業後は、鹿屋《かのや》海軍航空隊に配属され、戦闘指揮所の屋上で見張り員を務めた。昭和十九年（一九四四年）二月にはサイパン島、その後はテニアン島に転進。海軍西カロリン航空部隊の一員としてペリリュー島に移ったのは、同年六月である。

「見張りというのは、とても大事な仕事です。日本はレーダーが発達していなかったから、見張り役の肉眼が頼り。少しでも早く敵の飛行機や艦船を見つけることが、戦闘の優劣を決めるのです」

土田さんは、中川についてはこう話す。

「中川大佐は陸軍の連隊長、私は海軍上等水兵ですから、同じ島にいたといっても直接お会いしたり、話をしたということはありません。身分が違い過ぎます。しかし、ただ一度だけ、お見かけしたことはありました。見張り台の前を、馬に乗った中川大佐が通ったんです。それはもう、立派なお姿でしたよ」

艦砲射撃

米軍によるペリリュー島への猛攻は、その後も続いた。米軍は強力な艦砲射撃と空爆によって日本軍の守備隊に大きな打撃を与えた後、一挙に上陸する作戦であった。歩兵第二連隊第二大隊の陸軍軍曹だった永井敬司さんが、当時の景色を浮かび上がらせる。

「とにかく艦砲射撃が横殴りでどんどんきて、大きな木々が次々となぎ倒されていきました。空爆よりも艦砲射撃のほうが怖かったです。島の緑がみるみるなくなっていく。私たちがペリリュー島に着いた時とは、まるで違う景色になっていきました。それでも私たちは、とにかく地下壕に潜ってじっと我慢していました。もしも地下壕がなければ、あっという間に壊滅していたでしょう」

海軍上等水兵だった土田喜代一さんも、艦砲射撃の威力を語る。

「衝撃で地面が揺れるような、物凄い艦砲射撃でした。ジャングルの木々がどんどん吹き飛んで、地面が見えてくるんです。『島が壊れる』と私は思いました」

九十五歳という高齢を感じさせない張りのある声で、土田さんが続ける。

「私は海軍の『見張り員』でしたから、ここまでくるともはや対空の役割は済んでいたわけです。『自分たちの役目は終わった』という意識のもと、私は海軍が使用していた鍾乳洞に避難しました。海軍内務科鍾乳洞と言って、島で最も大きな壕です。しかし、そんな壕の中でも、砲撃の音が凄くて鼓膜が破れるかと思うほどでした。壕の内部は蒸し暑いし、水の支給も制限されたので、喉の渇きが大変でした」

土田さんは海軍陸戦隊に編入された。第一中隊の第一小隊であった。

日本軍の戦力は、歩兵第二連隊を中心とする約一万。対する米軍は、第一海兵師団約二万八千である。彼我の戦力の違いは明らかであった。

九月十二日、パラオ地区の集団司令官である井上貞衛中将は、ペリリュー島とアンガウル島の両守備隊に対し、以下の訓示を打電した。

〈敵ハ必死ノ上陸ヲ企図シアルモノノ如ク大東亜戦局打開ノ成否　正ニ懸ツテ此ノ一戦ニ在リ〉（『戦史叢書　中部太平洋陸軍作戦〈2〉ペリリュー・アンガウル・硫黄島』）

一方、パラオ本島に駐留していた歩兵第十五連隊の尾池隆さんは、米軍のペリリュー島への攻撃についてこう振り返る。

「米軍がペリリュー島への大規模な艦砲射撃を始めた時には、その音が四十キロほども離れたパラオ本島まで響いてきました。敵艦船の主砲の音でしょうね。そんな音を聞きながら『ペリリューは大丈夫かなあ』とずっと心配していました」

上陸前夜

『戦史叢書　中部太平洋陸軍作戦〈2〉ペリリュー・アンガウル・硫黄島』には、次のような記述がある。

〈ペリリュー地区隊長（著者注・中川）は、九月十三日「敵は十四日五時以降ペリリュー島南地区西海岸に上陸の企図大なり」と判断し、満を持して米軍の上陸に備えていた〉

昭和十九年（一九四四年）九月十四日、中川は敵艦船の動向を分析し、上陸地点は「西浜」と呼ばれる島の南西部で間違いないと判断。速やかに迎撃態勢を整えた。

米軍は強力な艦砲射撃によって、目に見える地上の防御施設を次々と破壊していった。それら施設の中には、米軍を欺くために日本側が偽装したものも含まれていた。米軍は偽の施設にも大量の弾薬を落とし続けた。

中川の細緻にわたる指揮によって構築されたペリリュー島の堅牢な地下陣地は、米軍の熾烈な艦砲射撃によく耐えていた。日本人将兵の大半は地下壕に籠もっていたため、人的な損害は少なかった。この展開は、中川の読み通りと言えた。

中川はしばしば地下壕から出て、双眼鏡で敵の船団の様子を窺った。パラオ本島の集団司令部とも密に連絡を取り合った。

この日、土田喜代一さんの属する小隊は、海軍内務科鍾乳洞から中山《なかやま》にあった海軍通信隊の壕へと移った。ペリリュー島の中央部には、密林に覆われた山々が連なっていたが、日本側はその一帯を中山、大山《おおやま》、天山《てんざん》、富山《とみやま》、東山《ひがしやま》、観測山などと名付けていた。

ペリリュー島の地名は三種類ある。元々のパラオ語での地名、米軍が付けた地名、そして日本軍が命名した地名の三つである。

日本側の名称の中には、最初にその山に布陣した指揮官の苗字から付けられた場所が四箇所あった。大山は大里信義大尉から、富山は富田保二少佐から、天山は天童隆中尉から名付けられたものである。そして、中川の苗字から付けられたのが中山であった。

中山の中腹に設けられた地下壕内に籠もっていた土田さんは、その日の夕方、上官より、

「見張りに立て」

と命じられた。

土田さんは壕の外に出て、山腹から海を眺めた。土田さんがそこで目撃したのは、島の西側の海岸線の遥か先に無数の艦船が遊弋《ゆうよく》する光景だった。

「米軍の軍艦が、ずらりと並んでいました。本当に驚きました。血の気が引きましたね」

◆

そんな土田さんの目に映った艦船の中の一隻に、ユージン・B・スレッジはいた。スレッジは戦後、アラバマ州モンテヴァロ大学で生物学の教授になった人物だが、彼は自らの従軍体験を詳細に書き残している。スレッジはペリリュー戦時、第一海兵師団第五連隊第三大隊に属する迫撃砲班の一員であった。

スレッジは翌朝に決行される予定のペリリュー島上陸作戦を控え、極度の緊張と不安に苛まれていた。彼はその夜についてこう記す。

〈みな、寝床についた。だが、私はなかなか眠れなかった。郷里のこと、両親のこと、友だちのことが頭に浮かんだ。そして――自分は任務を果たせるだろうか、負傷して体の自由を失うのだろうか、それとも殺されてしまうのだろうかという思いが心を領していった。（略）私は胸苦しくなり、冷や汗がどっと噴き出した。結局、「おまえはどうしようもない臆病者だ」と自分を罵り、自分に言い聞かせるように「主の祈り」を唱えながら、私は眠りに落ちていった〉（『ペリリュー・沖縄戦記』）

上陸開始

運命の朝を迎えた。天気は晴れ。海は穏やかである。

昭和十九年（一九四四年）九月十五日の午前五時三十分、いよいよ米軍がペリリュー島への上陸作戦を開始した。

午前六時十五分、海岸線から約十三キロ離れた海上において、約五十隻もの輸送船の中から、二十数隻の大型船艇が卸下《しゃが》された。目指すべき上陸地点とされたのは、日本側が「西浜」と呼んでいた海岸線である。中川の予測は的中した。

日本軍の守備隊は、この西浜とその近辺に六つの陣地を設け、それぞれモミ、イシマツ、イワマツ、クロマツ、アヤメ、レンゲと命名していた。モミ、イシマツ、イワマツ、クロマツを守るのは、歩兵第二連隊第二大隊の約六百三十五名。大隊長は富田保二少佐である。この隊は「西地区隊」とも呼ばれた。同大隊の一員であった永井敬司さんはこう語る。

「私は第二大隊の本部付だったので、富田少佐と一緒に富山にある大隊本部壕にいました。海岸線の陣地が第一線ですが、大隊本部壕はその後ろの第二線に位置していました。富田少佐は茨城県の出身で、旧制の下妻中学から陸軍士官学校に進んだ方です。非常に勇敢で実戦型の軍人という感じの人でしたが、上陸戦の時、まだ新婚二年目という話でした」

一方、アヤメ、レンゲを守るのは、歩兵第十五連隊第三大隊の約七百五十名。大隊長は中村準大尉の後を継いだ千明《ちぎら》武久大尉である。こちらは通称「南地区隊」と呼ばれた。海岸線には塹壕やタコ壺などが幾つも設けられ、速射砲を備えたトーチカも構築されていた。

守備隊長である中川は、山岳部に位置する洞窟内の連隊本部（守備隊本部）にいる。

上陸地点とされた西浜を最初に襲ったのは、艦砲射撃による集中砲火であった。これに艦載機からの爆撃が加えられた。

西浜に接近してくる米軍の大型船艇は、海岸線から約二キロの地点で、上陸用船艇や水陸両用車などを卸下した。

彼らはウィリアム・ヘンリー・ルパータス少将率いる第一海兵師団である。ガダルカナル島やマリアナ諸島の戦いで、日本軍に勝利を収めてきた精鋭部隊であった。

ルパータスは一八八九年十一月十四日の生まれ。ワシントンD.C.の出身である。海兵隊養成学校を卒業した後、第一次世界大戦に従軍。第二次上海事変の際には、第四海兵連隊の大隊長を務めていた。日米戦争勃発後は第一海兵師団副師団長に任命され、ガダルカナル島の戦いに参戦。その後、師団長に昇進し、ペリリュー島の戦いに臨んでいた。

この上陸作戦に際し、米軍側も厳しい訓練を重ねていた。上陸作戦の主力を担う部隊は、サンディエゴ港を出航した後、ニューカレドニア本島に寄港。同島で上陸演習やジャングル戦の訓練を実施してから、ラッセル諸島のパヴヴ島に移動した。同島でも演習を繰り返し、さらには制圧後のガダルカナル島でも訓練を重ねた。そのような準備に自信もあったのであろう、ルパータスはペリリュー島の攻略に関し、

「二、三日で片付く」
と口にしたとされる。総じて米軍側は「激しい戦いにはなるが、短期戦で終わる」と認識していた。

しかし、そこには慢心もあった。米軍はペリリュー島の地形に関して、航空写真から密林や渓谷の位置などは把握していたが、地下に伸びる洞窟の存在についてはほぼ認識していなかった。それどころか最前線の海兵隊員たちの多くは、地図さえほとんど見たことがない状態だったのである。それまで連戦連勝だった米軍側に、過信があった点は否めない。まさかこの戦いが、「アメリカ海兵隊史上、最悪の死傷率」と言われるまでの戦闘になるとは、この時点では誰も予測していなかった。

午前七時三十分頃、無数の上陸用船艇や水陸両用車が、西浜の海岸線から約三百五十〜七百メートル沖の付近にあるリーフ（暗礁）に向かって接近してきた。海上からの艦砲射撃も継続されていたが、日本軍の守備隊は引き続き塹壕などに身を隠してこれに耐えていた。日本軍はまだ反撃に出ない。日本側はなるべく敵を引きつけてから、一気に迎撃する作戦を採っていた。

海岸線に向かって一挙に迫ってきた上陸部隊の速度は、リーフの付近で緩やかになった。

中にはリーフを乗り越えることが難しい船艇もあった。

日本側はこのリーフの付近に、あらかじめ無数の機雷を敷設していた。やがて、この機雷が大きな爆音を立て始める。機雷に触れた船艇は、次々と大破していった。日本側のこの作戦は、かなりの効果を上げた。

しかし、午前八時頃、米軍は隊形を整理し、アムトラック（LVT。水陸両用トラクター）といった最新の水陸両用兵器を前面に押し出す布陣をとった。アムトラックは続々とリーフを乗り越えて、海岸線に接近した。天候はにわかに崩れ、この地域特有のスコールが降った。

上陸部隊の先頭がいよいよ海岸線から百メートルほどにまで近づいてきたその時、待ち構えていた日本軍の速射砲などがついに火を噴いた。充分に敵を引きつけてからの一斉射撃である。さらに、山岳部の天山などに備えられていた野砲や十センチ榴弾砲も、轟音と共に砲火を浴びせ始めた。

米軍側はこれまでの艦砲射撃と空爆の結果、日本軍の守備隊はすでに壊滅的な状況にあると予測していた。しかし、強固な地下壕によって、日本軍はいまだ充分な戦力を維持していたのである。

上陸部隊は大いに動揺し、そして深刻な混乱に陥った。自慢のアムトラックや上陸用船艇が次々と被弾し、炎上していく。海岸線一帯は一挙に火の海と化した。このような戦況を確認した日本側の通信兵は、

「ウメ、ウメ、ウメ」

と連送した。「われ敵を撃退せり」の意味である。

オレンジビーチ

それでも米軍は強行突破を試みた。矢継ぎ早に後続部隊を投入していく。

上陸前夜に故郷や家族のことを思い、「主の祈り」を唱えながら眠りについたユージン・B・スレッジは、アムトラックに乗り込んでいた。

〈すさまじい光景を目の当たりにしながらわれわれは前へ突き進んだ。先を行くアムトラックの隊列が暗礁《リーフ》に接近すると、砲撃を受けて巨大な水柱がいくつも噴き上がった。海岸は今や見渡すかぎり火炎に包まれ、その向こうに煙が分厚い壁のように立ちのぼっている。大規模な海底火山の噴火を見るようで、島へ向かうというより、燃えさかる地獄の底へ吸

い込まれていくようだ〉（『ペリリュー・沖縄戦記』）

上陸部隊に対する日本軍の攻撃は執拗だった。しかし、米軍も果敢に前進を続け、海岸線に向かって殺到してくる。

午前八時三十分頃、ついに西浜の海岸線に、一部の上陸部隊が到達。以降、アムトラックが続々と砂浜に乗り上げ、車両内から米兵が一斉に降りてきた。すると、それまで息を潜めて塹壕内に隠れていた日本兵も飛び出して、これを迎え撃った。

海岸線に両軍兵士の屍体が折り重なっていく。至近距離での血みどろの白兵戦について、第一海兵師団所属のロバート・レッキーはこう綴る。

〈海岸は、炎を上げる、あるいは黒焦げになった水陸両用トラクターと死傷兵が屑山をなす、迫撃砲弾の炸裂する必滅の園と化していた。白砂が掬われて穴が掘られ、あるいは砲弾が着弾して地面が窪み、海岸は穴だらけだった――その全てに緑色の戦闘服を着てヘルメット帽を被った海兵隊員が潜りこんでいた〉（『南太平洋戦記』）

この地は現在、「オレンジビーチ」と呼ばれている。一説には「血によって海がオレンジ色になったため」とも言われるが、それは俗説であり、実際にはこの海岸線を米軍がコードネームで「オレンジ」と呼んでいたのがその名の由来である。しかし、この海が夥しい血によって染められたのは事実であった。

日本軍守備隊の迎撃は極めて強力で、米軍側の混乱は大きかった。午前十一時四十五分、中川はパラオ本島の集団司令部宛てに、以下のような作戦緊急電報を送った。

〈一〇・〇〇上陸用舟艇三〇〇ヲ有スル敵ニ対シ（西岬―南島）ノ間ニオイテ多数ノ損害ヲ与エコレヲ完全ニ撃退セリ〉（『玉砕　暗号電文で綴るパラオの死闘』）

この内容はパラオ集団司令部を経て、東京の大本営に届けられた。報告の中身を知った東京の上層部は、歓喜に沸いたという。

◆

しかし、兵器と物量に勝る米軍は、その後も間断なく兵力を投入。深刻な打撃を蒙りながらも、橋頭堡を構築することに成功した。艦上戦闘機の援護も受けながら、上陸部隊は制圧地を徐々に広げていった。

同日午後四時過ぎ、上陸した米軍の兵力は、約一個連隊に及んでいた。そして米軍側は満を持して、自慢のシャーマン戦車（M4中戦車）を上陸させた。陸軍少尉であった山口永はこう記す。


〈海空からの援護の下に敵は完全に上陸に成功してしまった。これに反撃を強行したが、撃退することはできなかった。もしも友軍に飛行機があればと、乱舞する米軍のグラマンをにらんでなげいたものである〉（『闘魂・ペリリュー島』）

西浜の海岸を上がると飛行場がある。上陸に成功した米軍は、続けざまに最大の目的地であった飛行場の制圧に取り掛かった。日本軍の守備隊も果敢にこれを迎え撃ち、飛行場とその周辺は血で血を洗う激戦地となった。

日本側の攻撃で有効だったのは、山岳部からの砲撃である。日本軍の砲撃は極めて正確であった。

午後四時三十分、中川は「第一号反撃計画」に基づき、待機させておいた十七両の戦車隊を飛行場付近に向かって出動させた。中川は米軍の上陸地点によって第一号から第七号までの反撃計画を準備していたが、その中の「第一号反撃計画」の発動を命じたのである。

だが、日本の九五式軽戦車とアメリカのシャーマン戦車の性能は、残酷なほどの違いがあった。九五式軽戦車の三七ミリ砲がシャーマン戦車に命中しても、弾が装甲を通らない。一方、シャーマン戦車の主砲が一発当たれば、九五式軽戦車はなす術なく大破した。米軍の対戦車砲も、九五式軽戦車を次々と炎上させた。

飛行場を防衛する役割を担っていた虎の子の戦車隊は、初日にして崩壊した。

バンザイ突撃の禁止

この上陸作戦にあたり、米軍が警戒していたのが日本軍の「バンザイ突撃」であった。

しかし、この戦闘の初期において、日本軍が組織的なバンザイ突撃を敢行することはなかった。これは中川が大本営の決定に基づき、「守備陣地が突破された際には、島の中央に転進すること」を命令として明確に伝達していたためである。

日本軍が「バンザイ突撃」をしてこない点について、無事に上陸を果たしていた第一海兵師団第五連隊第三大隊所属のユージン・B・スレッジも、奇異に感じたようである。

〈それまでの海兵隊の経験からして、日本軍の反撃といえば自殺行為にも等しいバンザイ突撃を思い起こしたが、今度ばかりは違っていた。敵はかならずバンザイ突撃を仕掛けてくると、歴戦の古参兵が言い張るのをこの日も何度も聞かされていたのだが。

「やつらはバンザイ突撃をしてくるに決まってるから、粉々に吹っ飛ばしてやろうじゃないか。そうしたらこの蒸し暑い岩山ともおさらばだ。司令官は第一師団をメルボルンに帰してくれるかもしれないぞ」

ところがバンザイ突撃どころか、日本軍の反撃は戦車と歩兵が協同した、見事に組織された逆襲だった〉（『ペリリュー・沖縄戦記』）

太平洋方面最高司令官であるチェスター・ニミッツ大将は、後に自身の著作の中でこう述べている。

〈日本軍の新計画は慎重に計算された縦深防御法を採用したものであった。水際における消耗兵力は単に米軍の上陸を遅延させる目的で配備されており、主抵抗線は海軍艦砲の破壊力を回避するためずっと内方に構築されていた。（略）もはや無益なバンザイ突撃は行なうべきではないとされ、守備兵の一人一人がその生命をできるだけ有効に高く相手に買わせることになっていた〉（『ニミッツの太平洋海戦史』）

中川が徹底したこの戦い方は、米軍にとって予想外であった。日本軍のこの方針転換は、米軍側に大きな戸惑いを生じさせたのである。

空しき赤十字旗

それでも日本軍は、次第に劣勢に追い込まれていった。歩兵第二連隊の砲兵隊員であった山崎裕は、上陸初日の戦闘についてこう回想している。

〈敵機グラマンは椰子の木すれすれの低飛行銃撃。ついには敵の潜水艦まで浮上して砲撃を開始する始末。

敵が一旦上陸するや、わが方は負傷が続出した。大陸作戦にのみなれていた第十四師団の将兵は島嶼作戦は苦手であった〉（『闘魂・ペリリュー島』）

山崎が冷静に指摘する通り、日本陸軍の仮想敵国は、かねてよりソ連軍であった。日本陸軍は酷寒の地での戦闘を想定した演習を重ね、兵器も耐寒性を考慮してつくられていた。

それが戦局の変遷により、常夏の孤島において米軍の海兵師団と対峙する事態となったのである。彼らペリリュー守備隊の勇猛果敢な戦いぶりに疑念の余地はないが、もとよりそこが想定した戦場ではなかったこともまた事実であった。山崎は熾烈な戦闘の中で、その点がもたらす困難を痛感したのであろう。

そんな山崎も、敵の砲弾の破片を左胸に受けて失神。山岳部の洞窟内に設けられた野戦病院に収容された。野戦病院と言ってもそれは名前だけで、実態としては洞窟内に筵《むしろ》を敷いただけの場所だったという。食糧は「乾麵包《かんめんぽう》」と呼ばれる乾パンのみであった。

〈負傷者は満員で収容し切れず、やむなくトタンぶきの掘立小屋の中にも負傷者を入れ、赤十字旗を林立したが、敵戦闘機は一顧だもせず、鋸でブリキ板を切るようにあばれ廻った。身動きもできない負傷者が、次々と敵弾に倒れて行った〉（同書）

赤十字旗を掲げた場所への攻撃は国際法（ジュネーブ条約）違反のはずだが、山崎の記述は米軍が同法を侵していた可能性を伝える。

山崎はその後、夜間に発動艇でパラオ本島の野戦病院に運ばれ、一命を取り留めた。

一発の砲弾

上陸初日、海軍上等水兵の土田喜代一さんは、中山にある海軍通信隊の壕の中にいた。凄まじい砲音が絶えず届いていたが、深く堅牢な壕であったため、『ここなら大丈夫だろう』と思ったという。壕内には島の各地から集まってきた兵士たちが三十名ほどいたが、やがて、

「米軍に上陸を許し、飛行場を制圧された。戦車を先頭にして山麓まで進出してきている」

との情報がもたらされた。土田さんは機銃班に指名され、前進する米軍を食い止めるよう命じられた。

「艦砲射撃もあるし、グラマンは爆弾を落としてくるし、とにかく凄い攻撃でした。『どうしてこんなに小さな島を、これほど攻撃する必要があるのだろう』と思ったものです」

壕の入口に、一式陸上攻撃機（一式陸攻）から取り外した旋回機銃が備えられていた。この機銃を兵長と共に撃つのが土田さんの役目となった。機銃の準備をしていると、上野という伍長が、

「銃身に何か冷やすものを巻かないと、焼けて弾が出なくなるぞ」

と教えてくれた。土田さんは、何か適した物はないかと辺りを探し始めた。

そのうちに、二人の日本兵が壕に飛び込んできた。見ると旧知の仲である栗山上等兵と大原一等兵であった。二人は飛行場の付近で敵の戦車を相手に機関砲で応戦していたが、どうすることもできずに引き上げてきたのだという。この報告を聞いた中隊長が、壕の入口付近で二人にこう怒鳴った。

「馬鹿者！　すぐに戻って、飛行場を死守せよ」

土田さんは、彼らのやりとりを近くで聞いていた。すると栗山上等兵が決心した様子で、

「おい、大原、行くぞ」

と言った。栗山上等兵は軍に入る前は魚屋をやっていたという男だった。これに対して大原一等兵は、

「こんなに弾がくるところをですかあ。外は弾が飛び交ってますよ」

と頼りない声で答えた。栗山上等兵は、

「そんなこと言っていたんじゃ、行く時はないぞ。この馬鹿野郎！」

と大声を出した。

その時である。壕の奥のほうにいた兵長が、土田さんを呼んだ。

「おーい、土田！　これを銃身に巻いたらどうだろう」

土田さんは、

「はい」

と答えながら、兵長のもとへと走った。

するとその瞬間、物凄い爆音と爆風が壕を襲った。敵の砲弾が、壕の入口付近に着弾したのである。土田さんが目を潤ませながら語る。

「ひどい光景でした。大原一等兵の身体は真っ二つになって、壁にくっついていました。栗山上等兵は虫の息で『水を、水をくれえ』と言って亡くなりました。私もちょうど奥のほうに移動していなかったら、彼らのようになっていたでしょうね」

土田さんによれば、この一発の直撃弾で十四名の兵士が亡くなったという。

棒地雷

上陸一日目も、ようやく日没を迎えた。この夜、土田喜代一さんは、後々まで忘れ難い体験をすることになる。

「その夜、壕の中で陸軍のとある兵士から棒地雷を渡されたのです。海軍の私は棒地雷というのをこの時に初めて見ましたが、陸軍には以前からあったようですね。ちょうど刀の鞘を少し大きくしたようなもので、先端に爆薬筒が付いています。この棒地雷を持ったまま『戦車のキャタピラに体もろとも突っ込め』という話でした」

土田さんの語気に緊張感が漲《みなぎ》る。

「やがて『米軍のシャーマン戦車が接近中』との情報が入りました。すると中隊長が立ち上がって、声を張り上げたのです。『今から戦車攻撃、希望者三名、集まれ』と。その時、最初に伍長か何かがパッと『はい、私、行きます』と答えました。それから、二人目が続いて手を挙げた。私は棒地雷を持ったまま、迷いに迷いました。すると、私の隣にいた小寺亀三郎という整備兵が『小寺一等兵、参ります！　死ぬ時は潔く死ねと両親から言われました』とこう叫んだわけですよ。この小寺というのは、『おテラさん、おテラさん』といつも周囲からバカにされていた男なんです。おそらく実弾を撃った経験さえほとんどないんじゃないかと思う。そんな小寺が『参ります！』と言ったので、私は驚きました。私としては、小寺が自分の身代わりになったような、そんな気がしました」

土田さんはそう言って、静かに目を閉じた。そして、やや掠《かす》れた声でこう続けた。

「決死隊となった三人は『行って参ります』と敬礼してから、一列になって壕から出て行きました。三人が壕を出て二十分ほど過ぎた頃、物凄い爆音が響きました。無論、三人が壕に戻ることはありませんでした」

同夜、中川は歩兵第十五連隊の第三大隊に対し、米軍陣地への夜襲を命じた。率いる大隊長は千明《ちぎら》武久大尉である。

同大隊は、敢然と夜襲を仕掛けた。この夜襲により、米軍側は混乱に陥ったが、日本側の犠牲もまた甚大だった。そんな中、千明も無念の戦死を遂げた。

◆

ペリリュー島で米軍の上陸戦が始まったという情報は、その日のうちに宮城（皇居）まで届けられた。『昭和天皇実録　第九』の昭和十九年九月十五日の項には、次のような一節がある。

〈午前・夕刻の各一回、御学問所において参謀総長梅津美治郎に謁を賜う。この日参謀総長より、湘桂作戦及びパラオ諸島付近の戦況につき奏上を受けられる〉

そして、昭和天皇からは以下のような御嘉尚（御嘉賞）が贈られた。御嘉尚とは、天皇陛下からの「お褒めのお言葉」である。

〈緒戦に戦果を得て甚だ結構だが、ますます奮闘するように〉（『戦史叢書　中部太平洋陸軍作戦〈2〉ペリリュー・アンガウル・硫黄島』）

上陸二日目

上陸二日目となる九月十六日も、島の各地で一進一退の攻防が続いた。米軍は飛行場の南西地区に地歩を固めた。米軍は飛行場の全面制圧を最優先するかたちで、戦いを進めた。飛行場付近では激しい戦闘がなおも展開されたが、日本軍は次第に追い込まれていった。

中川は海岸線付近の陣地を放棄し、島中央の山岳地帯まで抵抗線を後退させた。

富田保二少佐率いる歩兵第二連隊第二大隊が布陣する富山でも、激しい戦闘が続いていた。同大隊の本部付だった永井敬司さんはこう語る。

「私たちの大隊も、二日目の昼過ぎくらいまでに、かなりやられてしまいました。それで大隊長の富田さんが大隊本部壕を出る決意をして、前線まで移動しました。私も富田さんに随行しましたが、それはもう大変な光景でしたよ。まさに死屍累々という状況でした」

海岸線から百五十メートルほど内陸部に入った辺りに珊瑚礁でできた天然の土手があった。第二大隊の守備隊は、この土手を壁として利用しながら、迫りくる米兵を迎撃していた。永井さんたちは、土手の背後にあった地下壕に入った。

「しかし、そのうちに敵のシャーマン戦車が近づいてきて、私たちは挟み撃ちされたようなかたちになってしまったんです。迎撃する戦力もほとんどない。それで富田さんがついに『自決する』と覚悟を決めました。しかし、私たち周囲の者が『それならば突っ込みましょう』と諫めました。それで地下壕から飛び出して、攻撃することになったのです」

永井さんの語気が強くなる。

「富田さんは刀を抜いて飛び出して行きました。しかし、米兵も勇敢でしたよ。ほとんどが白人でしたが、彼らの肌は白というよりも赤色に見えました。南国の戦場を転戦してきた海兵隊員ですから、強い日差しで肌が焼けていたのでしょう」

相手の肌の色がわかるほどの接近戦だったということになる。

「しかし、兵器の差と言いますか、こちらは一発撃ったら隠れて、準備してまた撃つという単発ですが、向こうは自動小銃で一気にダダダッときますますからね。こちらは真面目に狙って撃っているのに、米軍は戦場を力で制圧していくような戦い方でした。この違いは大きかったですね。敵の銃弾が固い珊瑚礁に当たると、白い粉がパッと舞うんですよ。私は下士官で帯刀していましたが、あんなもの何の役にも立たない。刀と飛び道具では相手になりませんよ。それで途中で刀を捨てて、米兵の死体から小銃をぶんどって、それを使いました。手榴弾も重くて、そんなに遠くまで飛ばせない。それでも無我夢中で戦いました。怖さですか？　そんな感情はもう感じなくなっていましたね。怖さなんて感じる暇もありませんでした」

永井さんが顔をしかめる。

「怪我を負った兵士が『ウーン』と唸りながら、戦友に『早く殺してくれ』と頼む。戦友は『わかった』ということで、軍刀で突き刺す。それはもうひどい状況でした。腕や足を吹っ飛ばされている兵士もいましたし、頭部がなくなっている死体もありました。『天皇陛下万歳』という絶叫も聞きました」

そんな激しい戦闘の中、大隊長の富田もついに戦死。部下からの信頼の厚かった富田であったが、最後は全身に十数発もの敵弾を受けて斃れたという。永井さんはこう語る。

「私は富田さんが亡くなった瞬間は見ていませんが、本当に立派な方でした」

新婚二年目の富田は、こうしてその生涯を終えた。

夜襲の失敗

永井敬司さんを含む残存兵たちは一旦、後方の地下壕に入った。

「地下壕内はすでに負傷者だらけでした。壕の入口が開いていると攻撃されるので、木材なんかで塞いでおくのですが、結局、見つかってね。壕の中に手榴弾を投げ込まれたりしました。それでまた激しい戦闘になるわけです」

その後、永井さんも重傷を負った。

「連隊本部に合流しようということになり、壕を出て移動を始めた時です。迫撃砲の破片で右の大腿部をやられました。破片は太腿を貫通して臍《へそ》の辺りに入りましたが、最初、私は自分が怪我をしたのがわからなかったんですよ。戦友が吹き飛ばされたので『大丈夫か』なんて声をかけているうちに、自分の足が冷たくなっていることにようやく気づいて。

その時はもうズボンが血まみれでした。私もそれまでにいろいろな厳しい訓練を受けていましたが、撃たれる訓練はできませんからね。その時が初めての経験でした。その時に思ったのは『頭を撃たれたら、何も気づくことなく死ねるんだなあ』ということ。正直、『そのほうがラクかな』とも思いました」

◆

米軍は着実に制圧地帯を広げていた。中川はこの戦況を分析し、大山を中心とする山岳地帯への部隊の集約を決定。中川は残存兵力を把握した上で戦線を整理し、態勢の立て直しを図った。こうして戦いの主な舞台は、島中央の山岳部へと移っていく。

日本兵たちは山岳地帯の地下に張り巡らされた地下陣地に立て籠もり、改めて徹底抗戦を続ける構えを見せた。山岳部に点在する地下陣地は極めて強固であり、その構造を熟知した兵士たちによる組織的な抵抗は、米軍側を重ねて驚愕させた。中川のいる連隊本部も、接近する米軍部隊に対して果敢に攻撃を仕掛けた。そして、夜には各地で夜襲が決行された。

しかし、日本軍が得意としたはずの夜襲は、ペリリュー戦では思うような戦果を上げることができなかった。永井敬司さんは次のように証言する。

「とにかく照明弾が凄いんですよ。米軍が照明弾を上げると、辺り一面がパッと明るくなる。それを一晩中、上げ続けるんです。米軍も日本軍の夜襲を相当、恐れていたのでしょう」

崩れる米軍側の計画

昭和十九年（一九四四年）九月十七日、「朝日新聞」は朝刊の一面で、ペリリュー島において米軍の上陸戦が始まったことを伝えた。

紙面には「ペリリュー島（パラオ諸島）に敵遂に上陸す」「狙いは比島（著者注・フィリピン）への跳躍」「ペリリュー島　二度まで敵撃退」といった言葉が並び、現地の地図も掲載されている。こうして、ペリリュー島で激戦が始まったことは、国民に広く知られるようになった。

◆

上陸三日目、米軍は飛行場付近の制圧に成功。日本側が米などの食糧を備蓄していた倉庫も、米軍側の手に落ちた。

さらに、米軍は山岳部の中山と富山も占拠。日本側は中山の奪還を目指して夜襲を仕掛けたが、照明弾を交えた米軍の迎撃によって阻まれた。

上陸からわずか三日で、日本側の死者は少なくとも二千四百人にのぼった。一方の米軍側にも、二千人を超える死傷者が出ていたとされる。これは海兵隊創設以来、最悪の数字であった。

それでも戦闘が終わる気配は、全く感じられなかった。「二、三日で片付く」といった米軍側の当初の目論見は、完全に崩壊したのである。

ルパータス少将のもとには「陸軍に援軍を頼むべきだ」という声が、各所から寄せられていた。しかし、彼はこれを断った。陸軍に対抗心を燃やすルパータスは、海兵隊単独での勝利にこだわった。

九月十八日、米軍は約一個大隊をもって天山を攻撃。天山の大部分の地域を占領することに成功した。

◆

ペリリュー島で激戦が続く一方、米軍はパラオ本島にも攻撃を加えていた。パラオ本島に駐留していた歩兵第十五連隊の尾池隆さんはこう回想する。

「ペリリュー島と違い、パラオ本島には上陸こそしてきませんでしたが、こちらも連日、激しい空襲に晒されていました。空襲でもって頭を上げさせない。米軍の威力の前には、日本の兵隊なんて惨めなものでした。防空壕の穴から外を見ていると凄いですよ。金色に光った弾がピュンピュンくる。あれは驚きました。『腰が抜ける』という表現がありますが、おっかなくて本当に歩けない。腰や脊髄がズキズキして、思うように動けないんです。私は防空壕の中を這って歩いていました」

救援物資の運搬

ペリリュー島の守備隊は、地下壕を巧みに利用しながら徹底抗戦を継続した。将兵たちの士気は極めて高かった。

そんな士気の源は、どこにあったのであろう。歩兵第二連隊の一兵士だった永井敬司さんはこう語る。

「日本を守るためですよ。内地で暮らす家族や女性、子供を守るため。それ以外にあるはずがないじゃないですか。私たちは『太平洋の防波堤』となるつもりでした。そのために自分の命を投げ出そうと。そんな思いで懸命に戦ったのです」

歩兵第五十九連隊の下士官としてペリリュー島のすぐ隣に位置するアンガウル島で激戦

の中にあった舩坂弘は、当時の心境を戦後にこう綴っている。

〈われわれは国家を信じた。師団の伝統と栄誉を誇りに思った。郷土を愛した。家名を重んじた。そのためには、自分の一命を投げうっても惜しくはなかった。殉忠報国、悠久の大義に生きることに、生死を超越した崇高な哲学を学びとったのである。私は、当時の青年の心情を美しいと思う〉（『玉砕　暗号電文で綴るパラオの死闘』）

だが、日本軍の劣勢は明白であった。米軍と違って、大きな増援部隊もない。

ただし、パラオ本島を拠点とする集団司令部も、ペリリュー戦をただ傍観していたわけではなかった。集団司令部はペリリュー島の中川に対し、「増援必要の有無」を九月十九日に問い合わせている。しかし、中川の返答は「今となっては、我が方に兵力を注ぎ込むのは疑問」という主旨のものであった。極めて冷静で大局的な、かつ苦渋に満ちた返答である。中川としても断腸の思いであったに違いない。

それでも、パラオ本島に駐屯する歩兵第十五連隊の福井義介連隊長は、援軍の派遣を集団司令部に対して強硬に主張した。前述のように、中川と福井は陸軍士官学校の同期生という間柄である。

そんな援軍に関する議論が交わされている間にも、パラオ本島からペリリュー島への物資の運搬は継続的に試みられていたようである。パラオ本島にいた歩兵第十五連隊の尾池隆さんはこう話す。

「何とかしてペリリュー島の部隊を助けなければいけないということで、大発を使って物資を運びに行くんですね。私も何度かやりましたよ」

大発の速力は約八ノットで、積載能力は人員七十名、馬の場合は十頭、荷物なら十二トンほどとされた。

「米などの食糧の他、対戦車砲が足りないということで、それらの物資を運びました。まず夕方までに、物資を船にしっかりと縛り付けておくわけです」

そして、夜になるのを待って、ペリリュー島に向かって出航したという。

「夜のうちに、ペリリュー島に着きます。現地の兵士たちは、それはもう悲惨なものでしたよ。島のあちこちから『ウウー、ウウー』と唸り声がする。重傷を負った兵士たちが、可哀想にヤシの木の下で呻いておりました」

逆上陸作戦

九月二十二日には、ペリリュー島からパラオ本島の井上貞衛集団司令官に向けて、複数の「戦訓」が打電されている。中川は過酷な戦いの中でも、目の前の戦況を冷静に分析しながら、今後の戦闘に活かすための情報を集団司令部に細かく伝えていた。例えば、以下の通りである。

〈「照」「神兵」合言葉ハ第一夜ニシテ相当使用セラレタリ　集団ノ合言葉ハ変更スルヲ要ス〉

〈「オア」ナル気声ハ敵ノ泣声ナリ〉

〈敵ノ発煙弾ハ標定用ト思ワレ　ソノ付近ハ猛砲撃ヲ受クルニツキ留意ヲ要ス　特ニ夕刻発射スルモノハ　夜間射撃ノ準備ニツキ注意ヲ要ス〉（以上、『玉砕　暗号電文で綴るパラオの死闘』）

極めて具体的な情報としてまとめられているのが、いかにも「現場からの叩き上げ」である中川らしい。さらに言えば、現実を慎重に見極めた上で、そこから未来の教訓を導き出そうとするその態度の中には、教育者を多く輩出した中川家と母方の岡松家の血の存在を見出すことも可能であろう。中川はこのような戦訓を、その後も集団司令部に送り続けた。

そんな中、集団司令部はついにペリリュー島への「逆上陸部隊」の派遣を決定。福井義介大佐の主張が、受け入れられた結果であった。

こうして歩兵第十五連隊第二大隊に属する約八百四十名が、ペリリュー守備隊の援護に向かうことになった。大隊長は飯田義榮少佐である。茨城県出身の飯田は歩兵第二連隊の出身であったため、ペリリュー島で戦う部隊には友人も多かった。そういった背景も考慮しての起用であった。

出航は九月二十三日の夜である。

歩兵第十五連隊の第二大隊第六中隊に属した尾池隆さんも、逆上陸部隊の一員となった。ついに尾池さんも、ペリリュー島で戦うことになったのである。

「友軍を見殺しにするなというわけですね。夜、船に乗ってペリリュー島へ向かうことになりました」

尾池さんが神妙な面持ちのまま続ける。

「飯田大隊長は仁王立ちになってこう訓示しました。『我々はいよいよ命を投げて、日本のために、さあ、時機がきたぞ』『これからペリリュー島に突っ込むから覚悟せい』と。そして、軍刀を抜いて『帰ることを許さず』とこう言いました。その後、私は七十〜八十人ほど乗れる舷の広い大発に乗り込みました。ところがですよ……」

尾池さんが忘れえぬ過去を蘇らせる。

「実はその時、私は四十度以上の高熱を出してフラフラの状態だったのです。その様子に気づいた中隊長の桑原甚平中尉が『尾池はどうしたんだ？』と准尉に聞きました。准尉は『尾池は実は二、三日前から高熱を発して、この通りなんです』と答えました。するとそれを聞いた桑原中隊長が『よし、わかった。降ろせ。船から降ろして入院させい』と言いました」

尾池さんを降ろした大発は、まもなくペリリュー島に向かって出発した。

「私は涙を流して『行ってこいよ』と見送りました。『俺は降ろされて、申し訳ねえことをしたなあ。俺はもう落伍者だ』と思いました。『俺は屑になっちゃったわい』と。それから、私は陸軍病院に入れられました。それで私は生き延びることができたのです」

逆上陸部隊は幾つかの艇隊に分かれていた。二十四隻の船艇から成る第二艇隊が、飯田の指揮のもとアルミズ桟橋から出航したのは、午後八時三十分頃である。

一方、尾池さんが乗るはずだった大発を含む第三艇隊がアイメリークの港を出発したのは、午後九時四十分頃のことであった。総勢二百三十名ほどである。

ところが、両艇隊とも作戦通りには上陸できなかった。第二艇隊はペリリュー島の沖二キロの辺りで、全艇が座礁。飯田は「徒歩での上陸」を命じたが、米艦船からの激しい攻撃に晒され、多くの犠牲者が出た。

それでも飯田はなんとか上陸を果たし、生き残った者たちと共に北地区隊との合流に成功した。

かたや尾池さんが参加するはずだった第三艇隊も、ペリリュー島の手前の海上において、船艇の大半が浅瀬に乗り上げて座礁。こちらも徒歩での上陸を余儀なくされる事態となった。結局、第三艇隊でペリリュー島まで無事にたどり着けたのは、出発時の半数以下となる約百名ほどだったとされる。

尾池さんもそのまま船に乗っていれば、どうなっていたであろうか。尾池さんは言う。

「病気で行けなかった者が、私の他にも何人かいました。しかし、その中から『申し訳ない』ということで自決した人まで出たんです。それで軍はその後、方針を変えました。それまでは『病人は残せ』だったのですが、その後は『全員、連れて行け』になったのです」

第六章　玉砕

ひるがえる星条旗

米兵がペリリュー島内を歩いていると、突然、銃弾が飛んでくる。どこから発砲されたのか、わからない。狙撃の技術も頗《すこぶ》る高い。運良く日本兵を見つけても、追いかけているうちに忽然《こつぜん》と姿が消える。どこかの地下壕に隠れてしまうのである。そして、また別のところから銃撃される。日本兵たちは、この島の地形を知り尽くしていた。

日本兵の斬り込みによる白兵戦も、島のあちこちで起きた。日本軍の執拗な攻撃は、米軍の想定を遥かに超えるものであった。米軍側の緊張と動揺は、極めて深刻だった。

◆

海軍上等水兵の土田喜代一さんは、幾つかの地下壕を転々としながら、なんとか生き長らえていた。土田さんはこう振り返る。

「島じゅう、両軍の兵士たちの遺体だらけになっていました」

この戦いにおいて、米軍は負傷兵や遺体をできるだけ担架で後方に運んだとされる。確かに沖合には病院船も停泊させていた。そういった事実は複数の証言や記録から裏付けられるが、ただし実際の戦場の光景はそれだけではなかった。以下、土田さんが興味深い事実を語る。

「米兵の遺体には、黒人も多かったですね。大きな身体をした黒人の顔をよく見ました。その時、私は『白人の遺体は片付けても、黒人はほったらかすんだな』とそう感じました」

遺体にはすぐにウジが湧いた。日米両軍問わず、この島で戦った兵士たちが残した証言や記録には、大量のハエに悩まされた経験を綴る記述が多い。島じゅうに横たわる死体によって、ハエが大量発生していたという。

歩兵第二連隊第二大隊の永井敬司さんは、太腿を怪我した後も戦い続けていたが、傷口にはやはりウジが湧いたという。

「南方で気温の高い戦場ですから、すぐにウジが湧くんです。傷口の化膿はひどいものでした。しかし、負傷したからといって、後方に運ばれるなんてことはありません。米兵は三角巾とか化膿止めの薬といった応急処置用の道具を持っていましたが、こちらは何もない。それで、夜になると米兵の死体から薬をかっぱらってくるわけです。そうやって入手したゼロアミンという黄色い化膿止めの薬を、ウジを落としてから患部に塗りました。破片が骨に当たっていなかったのが不幸中の幸いでした」

九月二十四日、米軍は第一海兵師団指揮所を飛行場の北方に開設。滑走路を整備し、F6F（ヘルキャット）などの運用を始めた。

九月二十六日、米軍は水戸山の南西部を占領。翌二十七日には、飛行場で国旗の掲揚式を断行し、星条旗を揚げて「ペリリュー島の占領」を宣言した。以降、米軍はビラやマイクを使って、日本兵に対する投降勧告を始めた。しかし、投降する日本兵はいなかった。

九月二十九日、中川は新たな「戦訓」を打電した。

〈敵ハ手榴弾戦ニ長ズルモ　我手榴弾戦ヲ恐ルルコトマタ大ナリ〉

〈敵側ノ作戦用地図（一万分ノ一）ハオオムネ詳細正確ニシテ　空中写真ヲ基調トセルモノノゴトク　経緯三〇秒ヲ方眼トシ該方眼内ヲ更ニ二五分シテ各番号ヲ付シアリ　コレニ

ヨリテ陸海空ノ協同ヲ行ナウモノノゴトシ〉（以上、『玉砕　暗号電文で綴るパラオの死闘』）

九月末の時点で、中川が掌握していた兵力は千八百名ほどにまで減少していたとされるが、彼らは地下壕に身を潜めながら反撃の機会を窺っていた。米軍側はいつからか、山岳部一帯を「ブラッディノーズ・リッジ（血染めの鼻の尾根）」と呼ぶようになった。

側近・烏丸洋一中尉

戦後、中川の妻・ミツエが逝去した折、彼女の遺品の中から大量の新聞の切り抜きが発見された。

それは、ペリリュー戦の情勢を伝える当時の新聞記事であった。ミツエは夫が指揮を執る戦闘に関する記事を、切り抜きにしていたのである。

それらの中に、昭和十九年（一九四四年）十月二日付「毎日新聞」の記事がある。「ペリリュー島に激戦」「北部地区に新上陸」といった見出しが並ぶ。

〈ペリリュー本島においては二六日以来のわが果敢な肉薄攻撃によって中央高地附近の

敵は殆ど攻撃し来らず、混乱した陣営を整理中の模様である、連夜にわたるわが肉薄斬り込みは依然果敢に継続されており、敵に多大の損害を与えている〉

このような記事を、ミツエはどのような心情で切り抜いていたのであろう。その思いは、南海の孤島に届いていたであろうか。

◆

前述の通り、米軍は日本兵に投降を呼びかけるようになっていたが、これに対抗するかたちで、日本軍も米兵に向けて投降勧告ビラを撒き始めた。これは戦場における心理戦という側面が大きかったのであろう。

日本軍が撒いたビラの文言について、アメリカ人記者であるジェームス・H・ハラスが著した『ペリリュー島戦記』(訳・猿渡青児)には、以下のように記されている。

〈かわいそうな、ヤンキー諸君、(略)貴殿らの投降勧告は有り難く頂戴するが、我々に投降する理由など全くない。なぜなら貴殿らは、これから数日のうちに撃破される運命にあるのだから〉

この英文を作成したのは、歩兵第二連隊の連隊旗手を務めていた烏丸洋一中尉であったとされる。

烏丸は大正八年（一九一九年）二月十五日、アメリカのネバダ州ラスベガスで生まれた日系二世。九歳の時に日本に転居し、小学校の二年生に編入した。

編入当初の烏丸は、日本語よりも英語のほうが得意だったため、級友たちが面白がって彼を取り囲んだという。それでも、その後は日本語もすぐに上達し、三年生からはずっと首席を通した。父親の新五郎はこう書き記す。

〈洋一はなかなか負け嫌いな性格で、同じ人のできることなら自分でもできないことはないと言って頑張っておりました〉（『闘魂・ペリリュー島』）

烏丸はその後、広島陸軍幼年学校を経て、陸軍士官学校に入学。第五十六期生であった。

そんな烏丸が得意の英語を活かして、ビラの文言を書いたのだった。中川はこの烏丸を、側近として日頃から重用していた。子供のいなかった中川は、年の離れた烏丸を我が子のように可愛がっていたという。

水府山での攻防

数日で終わると思われたペリリュー戦が泥沼の長期戦の様相を呈し始めたことにより、米軍側も戦略の見直しを余儀なくされた。

ダグラス・マッカーサー南西太平洋方面最高司令官は結局、ペリリュー島の陥落を待つことなく、フィリピンのレイテ島への進軍を決めた。この時点で、ペリリュー島の戦略的な意義は、大きく減じたはずだった。

しかし、この上陸作戦を立案し、実行に移した将校たちは、島の完全な占領にあくまでもこだわった。彼らにとって上陸作戦が失敗に終わることは、絶対に避けなければならない事態であった。

結果、この島の戦闘は、十月に入っても終息しなかった。

昭和十九年（一九四四年）十月一日、米軍は水府山の北麓に前進。「水府」とは、茨城県の地名に由来する。水戸を衛戍《えいじゅ》地とした歩兵第二連隊の将兵たちが、故郷を思って名付けた地名であった。

水府山に迫ろうとする米軍に対し、歩兵第二連隊第三大隊の基幹部隊は猛烈な迎撃戦を展開し、これを撃退。だが、米軍は十月三日、改めて総攻撃を開始し、水府山の東側丘陵地帯を占領した。その後も、水府山一帯では激戦が続いた。

十月六日頃には、米軍が飛行場に千八百メートルもの規模を有する重爆撃機用滑走路を完成させた。米軍はすぐに運用を開始し、以降、四百五十キロ爆弾やナパーム弾を使った空爆が、いっそう激しさを増すことになる。ナパーム弾とは、ゼリー状の油を容器に入れた爆弾で、広範囲に火炎が広がるのが特徴である。米軍はこの最新兵器の投入により、山岳地帯の焦土化を企図した。

それでも地下壕を利用した日本軍の抵抗は、一向に収まらなかった。日本兵たちは爆撃機の襲来に気づくとすぐに地下壕に身を隠し、空爆が終われば壕から出て手榴弾戦や銃撃戦、肉弾戦などを果敢に仕掛けた。

十月七日、昭和天皇からの四度目の御嘉尚が、守備隊に伝えられた。その報を知った中川は、集団司令部にこう返電した。

〈四度優渥ナル御言葉ヲ拝シ　守備部隊長以下感奮勇起シ　決死速ニ聖慮ヲ安ンシ奉ラン

コトヲ期シアリ〉（『戦史叢書　中部太平洋陸軍作戦〈2〉ペリリュー・アンガウル・硫黄島』）

しかし、水府山の攻防は、徐々に米軍の有利に傾いていった。

十月十日、米軍は水府山北部を制圧。翌十一日には、水府山の大部分を占領した。歩兵第二連隊の将兵たちが故郷を思って名付けた山は、こうして米軍の手に落ちた。

戦場にある錯乱

米軍は射程の長い火炎放射器を搭載した新型の装甲車を投入。炎を百三十メートル先まで噴射できるこの装甲車の登場により、米軍は地下壕の出入り口に近づかなくても、壕内にいる日本兵たちを焼き殺すことができるようになった。多くの日本兵が、この最新兵器の前に焼死した。

米軍はこうして制圧地域を広げていったが、最前線の光景は一様ではなかった。米兵の中には極度の疲労と恐怖から、錯乱状態に陥る者が続出した。

画家のトム・リーは、従軍記者団の一人としてペリリュー島の戦いに同行していた。彼は後に雑誌『ライフ』で、一枚の作品を発表することになる。それは、ペリリュー島の戦場で戦う一人の海兵隊員の姿を描いたものであった。

立ち上る煙の中で、その青年は呆然とした表情を浮かべている。青年の目は大きく見開かれているが、焦点は合わず、視線は虚空を彷徨っている。絵のタイトルは「『例の2000ヤードの凝視』と海兵隊員はそれを呼ぶ」。理性や感情を破壊された兵士たちが、この島に多くいた事実を物語る作品である。

二〇〇四年にCNNニュースが放送した番組によると、ペリリュー戦に参加した米軍兵士の約四割が、PTSD（心的外傷後ストレス障害）になったという。

米兵の間では「戦利品」と称して、日本兵の遺体から金歯を抜き取ったり、眼鏡や背嚢、拳銃、軍刀などを漁る行為が蔓延した。寄せ書きの入った日章旗は、米兵たちの格好の「土産」となった。黄色人種への差別意識を剝き出しにして、日本兵を惨殺する者もいたとされる。

しかし、そのような戦場の忌むべき悪弊は、米軍側にのみ存在したわけでもなかった。

第一海兵師団第五連隊第三大隊に属したユージン・B・スレッジの記述より引く。

〈このとき目にした（著者注・米兵の）遺体は敵の手で切り刻まれていた。一人は首が切られ、頭部が胸に載せられていた。両手も手首から切られて、頭部のそば、顎の近くに置かれている。信じられない思いで遺体の顔を見つめて気がついた。日本兵は遺体の男根を切り離して、口に押し込んでいたのだ〉（『ペリリュー・沖縄戦記』）

水や食糧も足りない中、大切な戦友が次々と殺されていく果てしのない戦闘において、米兵への憎悪を増大させた結果であろう。歩兵第二連隊の一員だった永井敬司さんはこう語る。

「死と隣り合わせの時間が延々と続く中で、気がおかしくなってしまった戦友は確かにいました。錯乱状態になってしまうと言いますか、神経がやられてしまったのだと思います。それが戦場なんですよ。本当の戦場です」

仲間の無惨な死体を発見した米兵たちは、日本兵への嫌悪と不信を膨らませたに違いない。戦場における絶望的な負の連鎖である。

戦場の規律が乱れていく中、米軍は日本軍の連隊本部がある大山を包囲しつつあった。ユージン・B・スレッジは、大山に迫ろうとする途次の光景をこう記す。

〈敵の死体は倒れたそのままの場所で腐敗していった。歯茎を剝き出し、まるで笑っているように見える膨満した顔の遺体が、グロテスクにねじれた姿勢をとっていたるところに散乱している〉（同書）

そんな戦場の現実を目の当たりにした彼だが、十月十五日には後続の陸軍部隊と交代となり、最前線から後退。ペリリュー島から離れ、生きてパヴヴ島に戻ることができた。米軍は消耗の激しい第一海兵師団を徐々に後方に戻し、ポール・J・ミュラー少将率いる陸軍第八十一師団の精鋭部隊を投入した。その総数、約二万人である。「ワイルド・キャッツ（山猫）」の異名を取るこの師団の派兵により、米軍は膠着した戦況の打開を試みた。米軍は海兵隊単独でのペリリュー島占領をついに諦めたのである。

米軍側のこの方針転換により、ペリリュー島の戦いは新たな局面を迎えていくことになる。

連合艦隊司令長官からの感状

一方の日本軍には、部隊の交代などない。

暗い地下壕の中に潜む日本兵たちは、鍾乳石からポタリポタリと落ちる水滴を空き缶に溜めて飲んだ。時には、その水の取り合いまで起きた。

糞尿は大きめの缶などに溜めた。しかし、缶に溜まった糞尿を壕の入口付近に捨てると、自分たちの居どころを米軍に教えることになってしまう。そこでやむなく夜間を狙って離れた場所に捨てに出るのだが、米軍はこの時を見逃さなかった。結果、糞尿の処理は困難となり、壕の奥に垂れ流す状態となった。壕内は堪え難い悪臭に満ちた。永井敬司さんはこう語る。

「持久戦というのは本当にきついですよ。『昨日はあの壕がやられた』『今日はあの壕が落ちた』とその繰り返しですからね。一挙に突撃したほうがどれだけラクか。自決したほうがどれほどマシか。おそらくみんな、そんなことを考え続けていたと思います。実際、負傷者の中には自決した者が相当いました」

十月十八日、米軍は約一個連隊をもって、南征山に向けて大規模な攻撃を開始。南征山北辺にある約二十メートルもの断崖にハシゴをかけ、よじ登って進軍した。同日の午後一時頃には、南征山北部の占領に成功した。

しかし、日本軍守備隊は間髪入れずに奪還作戦を敢行。歩兵火器などを用いた集中射撃を展開し、南征山を奪い返した。

米軍は十月十九日より、南征山の日本軍守備隊に対して、強力な砲爆撃を開始。さらにガソリンタンク車を投入し、ホースを利用した火炎放射攻撃を繰り返した。結果、十月二十三日までに南征山の大部分は米軍の手に落ちた。

十月二十四日には、連合艦隊司令長官・豊田副武《そえむ》大将からの感状が、ペリリュー島の現地守備隊に電報で伝達された。この感状は九月二十九日に授与されたものだが、現地に伝えられたのはこの日であった。

〈「ペリリュー」守備部隊ガ敵物的威力ヲ凌駕シ克《ヨ》ク右戦績ヲ収メ得タルハ陸海軍一体予《カネ》テ鋭意戦備ヲ整ヘ創意ヲ凝《コラ》シ至難ナル戦況裡将兵一致尽忠ノ至誠ニ徹シテ勇奮挺身敵ニ当レル結果ニシテ其ノ武功抜群　全軍ノ範ト為スニ足ルモノト認ム　仍《ヨッ》テ茲《ココ》ニ感状ヲ授与ス〉（『戦史叢書　中部太平洋陸軍作戦〈2〉ペリリュー・アンガウル・硫黄島』）

十月二十八日、ペリリュー島に大粒の雨が降った。飲み水の深刻な不足に直面していた日本軍将兵たちにとって、貴重な「恵みの雨」であった。この日、ペリリュー地区隊はこんな電報を打っている。

〈本日降雨ノタメ全戦線ニワタリ　元気百倍シ　士気マスマス旺盛ナリ〉（『水戸歩兵第二聯隊史』）

十月二十九日と三十一日の夜には、第三十根拠地隊付属航空隊の零式水上偵察機が、手榴弾や通信機用乾電池といった救援物資をペリリュー島の島内に投下。しかし、いずれも日本軍の制圧地の外側に落下してしまったため、あえなく敵の手に渡ってしまった。これは日本軍の制圧地域が、それほど極端に狭くなっていたことを意味する事象でもある。

十月末の時点で、ペリリュー地区隊の残存兵力は、軽傷者を入れても五百名ほどにまで減っていたとされる。

相次ぐ御嘉尚

十一月に入り、ペリリュー島の戦いも最終局面に近づいている。

パラオ本島にいる井上貞衛集団司令官は、この時期に虫垂炎によって体調を崩していた。それまでも我慢を重ねていたが、症状は悪化。最終的には盲腸を切除するに至った。この前後より、多田督知参謀長が指揮の前面に立つことが多くなっていく。

十一月二日には、観測山が米軍の猛攻によって陥落した。

この時期、米軍は大量の砂嚢《さのう》を使って陣地を広げる戦術を新たに開始した。山岳部には遮蔽《しゃへい》物が少なかったため、米軍は日本兵からの銃撃によって多大な損害を出していた。そこで米軍は、砂嚢を壁として利用しながら前進していく方法を採用したのである。海岸線で砂を袋詰めにし、トラックで山岳部まで運ぶ。そして、この砂嚢の背後に身を隠し、それらを押し出しながら、少しずつ前方に進んでいくのである。原始的な手法にも思えるが、この方法は極めて有効だった。

こうして、米軍はついに大山を包囲。日本側の制圧地は、連隊本部壕のある大山の頂上付近のみとなった。

十一月三日、明治天皇の誕生日である「明治節」のこの日、日本軍守備隊の士気は高まったが、同夜に敢行した斬り込みは失敗に終わった。

翌四日からは激しい雨が降ったため、戦闘はやや小康状態となった。結局、雨は五日間ほど降り続くことになる。

十一月五日の時点で、中川が掌握していた残存兵力は、重傷者を除くと三百五十名ほどであった。そんな中、中川は満身創痍の兵士たちに対して、

「よく戦った」

「ありがとう、さらに頑張るように」

などと声をかけて回ったという。

十一月七日、昭和天皇から実に八度目となる御嘉尚（御嘉賞）が贈られた。ペリリュー戦勃発以来、昭和天皇はこの島の戦況に大きな関心を寄せられていた。昭和天皇はこの時期、毎朝のように、

「ペリリューはどうなった」

と御下問されたという。大本営でも、

「ペリリューはまだ落ちないぞ」

という言葉が、挨拶のように飛び交ったとされる。

また、この八度目の御嘉尚について、国立公文書館アジア歴史資料センター保管の公文

書『第35軍作戦記録　「B　入手せる情報（2）」』にはこう記されている。

〈畏《カシコ》クモ八度ニ亘《ワタ》ル御嘉賞ノ御言葉ヲ賜ハリ守備隊長（著者注・中川）以下其ノ光栄ニ感泣シ　赤熱ノ闘魂ノ下　難局ヲ克服愈々《イヨイヨ》強靭以テ全戦局ニ寄与センコトヲ期シアリ〉


ただし、現実の戦場には、公文書の文面からは窺い知れない光景や情感があったようである。歩兵第二連隊の永井敬司さんはこう語る。

「ペリリュー戦は『多くの御嘉尚が贈られた戦い』とよく言われますが、実際に戦っていた私たちは、そんなことはほとんど知りませんでした。御嘉尚についていろいろと聞いたのは、戦後に帰国してからのことです」

海軍上等水兵だった土田喜代一さんの証言もこれに近い。

「一回目に聞いた時は、『御嘉尚をもらった』ということで、気持ちも高まったものです。二回目の時は『またもらったそうだよ』『よおし』と気合いを入れ直しました。しかし、その後の御嘉尚については、正直言って当時は知りませんでした。詳しいことを知ったのは、戦後のことです」

歩二電第一七一号

昭和十九年（一九四四年）十一月八日の午前四時、ペリリュー守備隊の村井権治郎少将は、集団司令官である井上貞衛中将に対し、以下の緊急電報を送った。

〈最悪ノ場合ニ於テハ軍旗ヲ処置シタル後概《オオム》ネ三隊トナリ全員飛行場ニ斬込ム覚悟ナリ〉

（『戦史叢書　中部太平洋陸軍作戦〈2〉ペリリュー・アンガウル・硫黄島』）

これまで持久戦を徹底してきたペリリュー守備隊であったが、ここにおいてついに「玉砕」を申し出たことになる。村井としても、すでに戦いが限界の域に達していることを切に感じていたのであろう。しかし、井上からの返信は、以下のような内容であった。

〈飽《ア》ク迄《マデ》持久ニ徹シ万策ヲ尽シテ神機到ルヲ待ツヘシ〉（同書）

現地軍にとって、これほど残酷な命令はなかったかもしれない。

十一月十三日、米軍は大山の頂上付近に向けて、大規模な攻撃を開始。守備隊の防御線を突破し、複数の地下壕に対して火炎放射器などによる攻撃を繰り返した。

十一月十七日には米軍の戦車三両が、大山の東側から侵入。日本軍の制圧地に向けて、激しい砲撃を加えた。

同夜、ペリリュー島守備隊長・中川州男は、残存兵力を集結させた。この時に集まった兵力は、百五十名ほどだったとされる。

翌十八日の早朝、中川はパラオ本島の集団司令部に宛てて、以下のような電文を送った。「歩二電第一七一号」である。

〈大命ヲ拝シ　軍旗ヲ捧シテ「ペリリュー」守備ノ任ニ就キ戦闘開始以来茲ニ二ケ月余此ノ間忝《カタジケ》ナクモ十度御嘉尚ノ御言葉ヲ拝シ寔《マコト》ニ恐懼感激措ク能ハス〉（『戦史叢書　中部太平洋陸軍作戦〈2〉ペリリュー・アンガウル・硫黄島』）

文中に「十度御嘉尚」との言葉があるが、これについては後に詳述することになる。「歩二電第一七一号」は、以下のように続けられる。

〈且感状ヲ授与セラレ将兵ト共ニ数々ノ君恩聖慮ト光栄トニ感奮任務ノ達成ヲ期セシニ今其ノ大任ヲ完遂シ得ス光輝アル軍旗ト幾多ノ股《コ》肱《コウ》トヲ失ヒ奉リ誠ニ申訳ナシ〉（同書）

この「歩二電第一七一号」を受け取ったパラオ地区集団司令官・井上貞衛中将は、翌十九日にこう返電した。

〈予亦《マタ》集団全将兵ト共ニ必死以テ国難ヲ救ヒ欣然《キンゼン》以テ貴地区ノ誠忠ニ続カントス　只祈ルハ皇国ノ弥栄《イヤサカ》　只誓フハ靖國ノ社《ヤシロ》ニ於ケル再会ノミ
最後迄《マデ》神明ノ加護我等皇軍ノ上ニ在リ　戦争窮極ノ勝利ハ必ス皇国ノ手中ニ帰スルヲ確信シツツ純忠ノ至誠ニ生キントス　又通信ノ断絶ニ対処シテ今最後ノ誓ヒヲ贈ル〉（同書）

無線分隊長の証言

十一月二十一日、米軍は西方から大山に至る戦車道を完成させた。こうして戦車による砲撃は、いっそう強力になった。

翌二十二日の午前七時頃、戦車を伴った約二個連隊による大山への総攻撃が始まった。午前七時四十分、中川は集団高級副官・橋本津輕少佐に向けて、以下のように打電した。

〈通信断絶ノ顧慮大トナルヲ以テ最後ノ電報ハ左ノ如ク致シ度承知相成度

左　記

一　軍旗ヲ完全ニ処置シ奉レリ

二　機秘密書類ハ異状ナク処理セリ

右ノ場合「サクラ」ヲ連送スルニ付報告相成度〉（『戦史叢書　中部太平洋陸軍作戦〈2〉ペリリュー・アンガウル・硫黄島』）

「玉砕の際には『サクラ』と連送する」。中川は集団司令部に対し、そう伝えたのであった。

この電報を最初に受け取ったのは、第十四師団通信隊の無線分隊長であった伊藤敬人である。伊藤はペリリュー島における地上戦の開始以来、パラオ本島の集団司令部で無線連絡の任にあたっていた。しかし、戦局の悪化と共に交信状態が低下したため、伊藤率いる分隊はパラオ本島から南下し、よりペリリュー島に近いウルクターブル島で通信業務を行っていた。ここで受信した電報を、集団司令部に転送するのである。伊藤はペリリュー戦末期の通信事情について、後にこう書いている。

〈守備隊からの無線は、このころから時々とぎれることが多くなった。発信のための電源は手まわし発電機だったので、転把（てんぱ・にぎりて）をまわさなければならず、おそらく雨水をすすりながら操作し、電鍵（でんけん）を打つ姿は、まさに鬼神を哭（な）かしめるものがあったと思われる。

終生通信に生きた私としては、モールスの一つ一つに向こうの人の様子が浮かんで、悲壮のきわみだった〉（『水戸歩兵第二聯隊史』）

訣別電報

昭和十九年（一九四四年）十一月二十四日、米軍は大山の頂上付近を完全に包囲。戦車や火炎放射器を使った大規模な攻撃を繰り返した。この時、生き残りの日本兵は約百二十名。その中でも、戦闘可能な将兵はわずか五十名ほどであった。

午前十時三十分、中川はパラオ本島にいる集団参謀長・多田督知大佐に向けて、五カ条に及ぶ訣別の電報を打った。「歩二電第一八一号」である。その「一」は、以下の通りである。

〈敵ハ二十二日来我主陣地中枢ニ侵入　昨二十三日各陣地ニ於テ戦闘シツツアリ　本二十四日以降特ニ状況切迫陣地保持ハ困難ニ至ル〉（『戦史叢書　中部太平洋陸軍作戦〈2〉ペリリュー・アンガウル・硫黄島』）

その「四」にはこうある。

〈将兵一同聖寿ノ万歳ヲ三唱皇運ノ弥栄ヲ祈念シ奉ル　集団ノ益々発展ヲ祈ル〉（同書）

そして、最後に「五」として、次のように打電された。

〈歩二電一七一号中御嘉尚ヲ十一回ト訂正サレ度《タシ》〉（同書）

つまり、先の「歩二電第一七一号」の中で「十」としている御嘉尚の数を「十一」に訂正してほしいと打電しているのである。実際、これまでの戦いの中で昭和天皇からペリリュー島の守備隊に贈られた御嘉尚の数は十一回であった。水戸二連隊ペリリュー島慰霊会事務局長の影山幸雄さんはこう語る。

「『歩二電第一七一号』では、極限の戦いの中で御嘉尚の数を『十』と間違えてしまったのでしょう。そのことに後で気づき、『歩二電第一八一号』で訂正を頼んだのだと思います」

玉砕を覚悟した訣別電報の末尾で、御嘉尚の数の訂正を依頼する。中川とは、そんな「細やか」な人物であった。私は寡聞にして、これほど律儀な訣別電報を他に知らない。

この「歩二電第一八一号」打電後の中川の行動として、『水戸歩兵第二聯隊史』にはこう記されている。

〈同日十六時戦況まさに一刻の猶予も許さずと判断した地区隊長中川大佐は、手もとの将兵根本大尉以下を集め、村井少将とともに本日までの敢闘を謝し、最期の訣別の辞を述べ

るとともに、血涙をのみつつ軍旗を奉焼したのであった〉

軍旗が敵の手に渡ることは、軍人として最大の恥辱とされた。こうして、伝統ある歩兵第二連隊の連隊旗は奉焼された。

そして、ついにペリリュー守備隊は集団司令部に向けて、最後の打電を行った。第十四師団通信隊の無線分隊長であった伊藤敬人は、この電報について後にこう記している。

〈十一月二十四日十六時ペリリュー無線は、生文で最後の連絡を送ってきた。サクラサクラサクラ　ワガシユウダンノケントウヲイノル　ワレクノゴチヨウ　ワレクノゴチヨウ（もう一度繰り返す）・・・—・—〉（『水戸歩兵第二聯隊史』）

この記述によれば、「サクラ」は三度、連送されたことになる。「ワレクノゴチヨウ」とは「われ久野伍長」の意味で、発信者の名前である。この電報を打ったのは、水戸市出身の久野馨という伍長であった。

また、「・・・—・—」は「通信終了」の符号である。伊藤はこうも綴っている。

〈その日のパラオの空は珍らしく空電一つなく、受信機には電波の流れる「サーッ」という音だけだった。すべてが終わった。私たち七名の通信兵は、ただ抱き合って泣くのみであった〉（同書）

その夜、中川は地下壕内にて自決。四十六年に及ぶ生涯を自らの手で閉じた。村井権治郎少将も同じく、自決を遂げた。

同夜の内に、根本甲子郎大尉が最後の突撃を敢行。これをもって、ペリリュー島における日本軍の組織的な攻撃は完全に終了した。

自決に関する謎

『戦史叢書　中部太平洋陸軍作戦〈2〉ペリリュー・アンガウル・硫黄島』及び『水戸歩兵第二聯隊史』では、中川と村井の死を「従容として自決を遂げた」という同じ言葉で記録している。

中川の自決方法については拳銃説と切腹説がある。この点について、水戸二連隊ペリリュー島慰霊会事務局長の影山幸雄さんはこう語る。

「ペリリュー島からの生還者の中に、栗原正雄さんという元曹長の方がおりました。栗原さんは中川大佐の自決後、突撃に出て負傷し、米軍の捕虜になった方です。この栗原さんが捕虜として、中川大佐が自決を遂げた地下壕までの案内役を米軍にやらされたという話でした。そして、ご遺体を前にして『この方が中川大佐、この方が村井少将』と米兵に教えたそうです」

影山さんによれば、栗原は捕虜となった過去を気にしてからか、戦友会には顔を出さなかったという。そんな栗原が自身の経験を告げた唯一の相手が、同連隊の直属の上官だった小川諭であった。小川は歩兵第二連隊の将校だったが、ペリリュー島には派遣されず、嫩江に残った人物である。影山さんはこう話す。

「私は小川さんから『栗原さんがこんな話をしていた』というかたちで聞きました。小川さんによれば、栗原さんはこう話していたそうです。『中川大佐は拳銃で頭を撃ち抜いての自決、村井少将は割腹だった』と」

以上のような証言がある一方、別の興味深い話も存在する。中川の最期について、姪の澄子さんは、

「私たち親族には『切腹だった』と伝わっています」

と語る。澄子さんは、以下のような話を証言する。

「中川家は元々が武家ということで、私の父の道之は小さな時から切腹の練習をさせられたそうです。それは兄弟である斎さんも州男さんも同じだったと聞いています。中川家には、代々伝えられてきた切腹の作法というものがあったのです」

澄子さんが丁寧な口調で続ける。

「州男さんの妹のミヲさんは、結婚する時に父親の文次郎さんから短刀を渡されたという話でした。私はその短刀を、実際にミヲさんから見せてもらったことがあります。いざという時には、女性も自決しなければならないというわけですね。そういう家風でした」

明治維新を経てもなお、熊本藩の武士の作法が中川家にはしっかりと伝えられていた。

澄子さんが言う。

「ですから、私は州男さんの自決が切腹だったと聞いた時、なるほどなあと思ったんです」

幼少時に父親から習った切腹の作法を、中川は忠実に完遂したのであろうか。もしそうだとすれば、中川は自らの生涯における最期の場面において、懐かしい故郷の風景や家族の表情を強く思い出しながら逝ったのかもしれない。

はたして、中川の自決は拳銃によるものだったのか、それとも切腹であったのか。鮮血が流れたのは、頭部だったのか腹部であったのか。その事実は、まさに地下壕内のごとき深い闇の中である。安易な断定こそ危険であろう。

遺書はない。書かなかったのか、それとも発見されなかっただけなのか。筆まめな中川であったが、これも真相は不明である。

◆

中川が自決したその日、土田喜代一さんは連隊本部壕から二百メートルほど離れた海軍の洞窟陣地内にいた。

「その夜、不意に機銃の音が聞こえてきたんです。音で友軍の機銃だとわかりましたから、『連隊本部はまだ落ちてないぞ』と戦友と話したのを覚えています。しかし、それからすぐに米軍の機銃の音と、『うわあ』という物凄い声が聞こえてきまして。それはもう、胴が震えるような声でした。それで戦友と『あれは突っ込んだ声だよ』と。それ以降、辺りは不気味なほど静かになりました」

作戦終了

玉砕の翌日にあたる十一月二十五日の朝、日本の新聞各紙の紙面にペリリュー島の戦闘に関する記事はなかった。例えば、この日の「朝日新聞」朝刊の一面は「B29帝都附近に侵入す」という見出しである。確かに前日の二十四日には、B29爆撃機が品川区や杉並区を空襲し、二百二十名以上もの犠牲者が出る事態となっていた。

同紙にペリリュー戦に関する記事が掲載されるのは、十一月二十六日の朝刊である。「ペリリュー島の敵軍我中枢部に侵入」と題されたその記事には、以下のような本文が付されている。

〈二十二日以来敵は遂に我主陣地の中枢部にも侵入し来り、これと我守備部隊は相入り乱れて随所に白兵戦を展開して大山を血潮に染めて激闘を交えている〉

中川と村井の自決や、部隊が玉砕したことなどについては、一切触れられていない。この時期、新聞各紙が中心的に報道したのは、ルソン島やレイテ島といったフィリピン戦に関する動向であった。フィリピンではすでに、神風《しんぷう》特別攻撃隊による「体当たり攻撃」も始まっていた。新聞各紙は特攻作戦の戦果を連日のように報道した。そのような影響から、ペリリュー戦の扱いは小さくなっていた。

米軍がペリリュー島における「作戦終了」を正式に宣言したのは、十一月二十七日である。

「ウメ、ウメ、ウメ」で始まり「サクラ、サクラ、サクラ」で終わったペリリュー島の戦いの戦死者数は、『戦史叢書　中部太平洋陸軍作戦〈2〉ペリリュー・アンガウル・硫黄島』によれば米軍が千六百八十四名、日本軍は一万二十二名である。他の資料では、米軍の戦死者の数が二千三百名を超えるものもある。

さらに同叢書によると、戦傷者の数は米軍が七千百六十名、日本軍が四百四十六名である。戦傷者数のこの圧倒的な差は、負傷した者を後方に運んだ米軍と、死ぬまで戦い続けることを旨とした日本軍の違いによる。

米軍における戦死者と戦傷者の合計は八千八百四十四名に及ぶが、資料によっては一万人を超えるものもある。ペリリュー戦を評して「米軍史上、最悪の戦い」と言われる由縁である。

遺骨の行方

米軍は中川の遺体を、島内に埋葬したとされる。水戸二連隊ペリリュー島慰霊会事務局長の影山幸雄さんはこう説明する。

「米軍は、中川大佐と村井少将のご遺体を並べて埋葬したと言われています。その根拠となっているのが、墓を写したという写真の存在です。写真は二種類あって、一枚はボンベのようなものが二つ並んで立っているもの。もう一枚は木製の二つの墓碑が写ったものです」

写真の複写を私に見せながら、影山さんが続ける。

「このボンベの墓と木製の墓は同じ場所に建てられたもので、最初に応急的につくったものをその後に改めたらしいのですが、どちらが先にできたのかという順序についてはよくわかっていません」

最初にボンベを立てた後、木製の墓碑につくり直したのか、それともその逆か。いずれにせよ、今となってはその埋葬地さえ不明であるという。ただし、影山さんは次のように話す。

「これは私の個人的な推測ですが、埋葬地は米軍が『ワイルド・キャット・ボウル』と呼んでいた辺りではないかと考えています。なぜならこの場所が、中川大佐と村井少将が自決した地下壕から最も近い土の平地だからです。周囲は岩場ばかりなので、穴を掘れるような場所は他にありません」

ペリリュー島には、今も多くの日本軍将兵のご遺骨が眠ったままになっている。影山さんは長年にわたり、同島での遺骨収集活動を続けている。

「しかし、その『ワイルド・キャット・ボウル』も、今では人が入れないような物凄いジャングルになっています。お二人のご遺骨を収集したいのは山々ですが、場所を特定することは極めて難しいでしょう」

第七章　それぞれの八月十五日

終わらない戦い

ペリリュー島における日本軍の組織的な戦闘は、こうして終焉を迎えた。

しかし、実はその後も同島では銃声が響き続けていた。生き残った日本軍の兵士たちが、執拗なゲリラ戦を継続したのである。元歩兵第二連隊第二大隊の永井敬司さんはこう語る。

「私は連隊本部壕とは別の地下壕にいましたので、中川さんが自決したなんてことはまったく知りませんでした。ですから、その後も潜伏生活を続けながら、反撃の機会を窺っていたわけです」

海軍上等水兵だった土田喜代一さんも次のように語る。

「中川大佐が自決したとか、その時は何も知りませんしね。まだまだ戦いは終わっていないと信じていました。今聞くとおかしいと思われるかもしれませんが、その当時は『連合艦隊が必ず助けに来てくれる』と考えていました」

十一月下旬、土田さんは湿地帯の中にあった岩の割れ目に、三原という兵長と共に潜んでいた。

「ある夜、食うや食わずの状態で、二人で水を汲みに行きました。飲み水に使っていた井戸がありましてね。少し塩分が混じっているのですが、真水に近いような感じで、私たちにとっては『命水』です。私たちは夜になると、命がけでこの井戸に水を汲みに行きました」

兵士たちにとって、喉の渇きほどつらいものはなかった。

「ところが、その途中で敵のジープに見つかってしまいました。私たちはそれぞれ走って、草むらに飛び込みました。三原兵長は大木のあるほうに隠れていました。その夜は月夜でしたから、敵兵が自動小銃を持っているのが見えました。そのうちに、銃声が五秒間くらい『ババババーッ』と聞こえましてね。『三原兵長がやられているんだなあ』と思いました。その後、三原兵長の『ハア、水くれええ』という小さい声が聞こえました。末期《まつご》の水なんて言いますけれども、死ぬ間際というのは水を飲みたくなるんでしょうかね」

土田さんが俯《うつむ》きながら続ける。

「それから『もう一人いるはずだ』ということで、五、六人の敵兵がなおもあっちこっちをライトで照らしながら撃ってくるわけです。私は草むらで、手榴弾を持って息を潜めていました。もう『撃つなら早く撃たんか』と。『撃たれる瞬間、俺は何を思うのだろうか』とそんなことも考えました。しかし、敵はこちらを撃たない。月明かりの影響で、ライトを付けてもあまり効果がなかったのではないでしょうか。だから助かったんじゃないかと私は思っています。そのうちに、敵兵は笑いながら引き上げていきました」

その後も、米兵に見つかった者たちは、次々と殺されていった。土田さんは地下壕や岩の裂け目などに身を隠しながら、自らの命を懸命に繋いだ。米軍の幕舎や倉庫に忍び込み、缶詰などの食糧を盗むこともあったという。

飢餓地獄

ペリリュー島の日本軍守備隊が玉砕しても、日米の戦争は続いている。

ペリリュー島とは異なり、パラオ本島では地上戦は起きなかった。すでに主戦場をフィリピンに移していた米軍は、パラオ本島には上陸しなかった。前駐日パラオ大使であるミノル・ウエキさんは、ペリリュー島陥落後のパラオ本島の様子をこう述懐する。

「私は中学生でしたが、ペリリュー島が落ちてからは軍隊訓練が激しくなりました。手榴弾の投げ方とか、小銃を撃つ訓練などですね。日本人の将校から『いいか少年隊、ペリリューを取り戻すんだぞ』『ペリリューに逆上陸するんだ』といったことを、しょっちゅう言われました。その将校は『日本は必ず勝つ』ともよく言っていましたね。私たちはまだ十三歳くらいの子供だったし、言われた通りに一生懸命やりましたよ。爆弾を抱えて戦車に近づく練習もしました。爆弾を戦車の下に置いてくる訓練です」

◆

高熱のためにペリリュー島に行けず、パラオ本島に残った歩兵第十五連隊の尾池隆さんはその後、どのような日々を送っていたのだろうか。

「私は陸軍病院を退院してからも、ずっとパラオ本島にいました。パラオ本島は米軍の上陸こそありませんでしたが、とにかく空襲がひどかったですね。私たちはこれを避けるため、ジャングルの中に潜んでいました。ジャングルには大きな虫がいましてね。私たちは『万年筆虫』と呼んでいましたが、それが寝ている間に血を吸うんです。万年筆みたいな格好で、節があってムクムクと動く。それで、万年筆虫に気をつけろということで、蚊帳を被って寝たりしました。あと怖いのは、やっぱり蚊。蚊を媒介してデング熱になると凄い熱が出ます」

だが、本当に困ったのは、食糧の不足であったという。パラオ本島ではペリリュー戦末期の十一月三日、すでに「現地自活要項」が定められ、軍人が農耕に従事する方針が打ち出されていた。さらにペリリュー島の陥落以降は、周囲の制海権が完全に米軍に移ったため、食糧や生活物資の輸送も絶望的な状況となった。尾池さんはこう語る。

「とにかく食べ物がなかったので、動くものは何でも食べました。例えばトカゲやヘビ。火を燃しておいてトカゲを放り込むと、パーンと跳ねるから、それをむしって食べる。ネズミの足を缶詰の上でジューッと焼いて、針のように細い骨までしゃぶっている人もいました。それから木の葉っぱを食べたりね。パラオ本島で亡くなった人たちというのは、戦死ではなくてほとんどが餓死です。骨と皮になって死んでいきました。帳面上は『戦病死』なんてなっているけれども、実際にはその多くは餓死なんです」

軍人の他、軍属及び官民にも生産目標が設定された。主食代用品はサツマイモとタピオカとされ、一人一日あたり主食（代用品を含む）一・五キログラム、生野菜百グラムの生産維持に努めるよう決められた。しかし、度重なる空襲の影響もあり、昭和二十年（一九四五年）に入ると食糧事情はいっそう悪化した。尾池さんは言う。

「ジャングルを開墾してサツマイモを植えました。でも、サツマイモが大きくなるのを待てない。それで葉っぱを食っちゃう。で、ようやくイモが大きくなったら、今度はそれをコソ泥の兵隊が夜に抜いてしまうんです」

しばらくの静寂の後、尾池さんは、

「これは本当は話したくないことだけれども」

と言い澱《よど》み、苦渋の表情を浮かべながら、ゆっくりと言葉を継いだ。それは一つの赤裸々な告白であった。

「監視兵がいて、コソ泥の兵隊に照明を照らす。『なぜ、そういうことをするか、貴様!』と。盗んだほうは『すまねえ、すまねえ』と謝るんだけど、ぶっ飛ばされてね。それからね、銃殺ですよ、銃殺。兵隊がサツマイモを盗んだだけで、殺されちゃうんです」

尾池さんの皺の多い目元に涙が滲む。

「食糧を持って無人島に逃げようとした兵隊なんて、首を斬られたんですよ、首を。本当ですよ。憲兵が行って、そいつを引きずり出してきて。頭を落とすわけだ。前に穴が掘ってあって、昔の切腹の時の介錯みたいに。私、実際に見ていますよ。首がコロッと落っこちちゃって。身体もそのまま、勢いで穴に転がり込んじゃう。そうすると懇《ねんご》ろに毛布を掛けてやって、土で埋めるわけです。えらいことをしたもんですよ」

尾池さんが懸命に言葉を繋げる。

「日本軍の悪口なんて私も言いたくないですよ。でもこれは悪口じゃない。実際にあったんだから」

尾池さんがその後に呟いた言葉が、今も私の脳裏にこびりつく。

「それが戦争ですよ。きれいごとじゃ済まされない」

二階級特進

昭和十九年（一九四四年）十二月三十一日、中川はその功績が認められ、二階級特進して陸軍中将となった。大佐から中将への二階級特進は、日本陸軍において珍しい事例である。

昭和二十年（一九四五年）二月からは、硫黄島で大規模な戦闘が始まった。栗林忠道中将は島の各地に地下陣地を構築して米軍を迎え撃ったが、この戦術はペリリューの戦いを参考にしたものだとも言われる。しかし、三月にはその硫黄島も米軍の手に落ちた。

四月、ついに沖縄戦が勃発。沖縄でも天然の洞窟などを利用した徹底抗戦が展開された。

「朝日新聞」が中川の死を伝えたのは、自決から実に半年近くも経った四月七日のことである。記事には中川の小さな顔写真が掲載され、戦死によって二階級特進となった旨が記されている。しかし、戦死した日付については「昨年十二月三十一日」となっている。戦争末期、新聞各紙が伝える記事の中には、事実と異なる内容が多く含まれていた。

◆

中川戦死の報を、親族は熊本の地で聞いた。中川の姪である澄子さんが言う。

「親戚から聞いた話ですが、玉名では盛大なお葬式が執り行われたそうです。葬儀の際には、学生たちが駅まで列をつくったと聞いています」

一方、中川が配属将校として過ごした八女工業学校では、学校葬なども特になかったという。当時、同校に在学中だった石橋利徳さんはこう語る。

「八女工業の職員の中で応召された先生は十五名。その中で戦死されたのは、国語の古賀英俊教諭と、体操の河村三郎教諭です。お二人が亡くなられた際には、職員や生徒全員による盛大な学校葬が行われました。しかし、中川さんの時には、勤労動員のために学校もからっぽ。ですから、学校葬もできなかったんです」

終戦

日本本土への空襲は、日増しに激化した。

熊本市の中心街で暮らしていた中川の次兄・道之の一家も、そんな戦況を受けてやむなく疎開。道之は胃潰瘍の悪化のため、昭和十九年（一九四四年）七月をもって美術教師の職を辞していた。

疎開した先は、熊本城の北西部に位置する坪井という地だった。疎開した時期は、昭和二十年（一九四五年）の五月頃だという。

七月一日の午後十一時五十分頃から翌二日の午前一時半頃にかけて、熊本市は大規模な空襲に見舞われた。世に言う「熊本大空襲」である。米軍のB29爆撃機は、無数の焼夷弾を熊本の市街地に投下した。

この空襲時、道之の体調はかなり悪く、動くのも大変なほどの状態だったという。道之は家族と共に避難を始めたが、一緒に走ることができない。すると足手まといになるのを嫌った道之は、一人で家に戻る決意をした。道之の次女である澄子さんが言う。

「『自宅にいれば、亡くなっても家族が見つけてくれるだろう』という思いもあったのではないでしょうか」

澄子さんは空襲時の記憶をわずかに留めている。

「私は母親におんぶされて逃げました。とても怖かったですよ。でももし、坪井に疎開していなければ、助かっていなかったかもしれません。中心部はもっとひどかったですから」

結局、この空襲によって熊本市内の約三分の一が焼き払われた。しかし、道之の自宅は運良く難を逃れた。道之も無事であった。

その後、道之の一家は、さらに玉名に疎開。八月十三日か十四日のことだったという。すなわち、疎開してすぐに戦争が終わった。

日本は負けたのである。

引き揚げ

パラオ本島に駐留していた歩兵第十五連隊の尾池隆さんは、深い密林の中で昭和二十年（一九四五年）八月十五日の敗戦を迎えた。

「実はその前から少し空襲が弱まりましてね。『なんだ、アメちゃんの空襲、だいぶ緩くなったな』なんて話していたんです。そのうちに部隊長から『終戦になった』と聞きました。『敗戦になった』とは言わなかったと思います。まあ、とにかくそれからは空襲を恐れることなく歩けるようになったので、『ああ、良かったなあ』という感じでした」

しかし、その後も尾池さんたちは密林の中に居続けたという。

「そこにもう住み着いちゃっていましたから。外の日の当たるところに出ても良かったのですが、しばらく出なかったですね。パラオ本島のガスパンという辺りです」

昭和二十一年（一九四六年）一月五日、尾池さんはようやく帰国。その後、国鉄に復職し、戦後社会を生き抜いた。

◆

戦後に駐日パラオ大使を務めることになるミノル・ウエキさんも、八月十五日をパラオ本島で迎えた。

「その日、私は山の中で農作業をしていました。玉音放送は聞いていません。しかし、敗戦と聞いても、誰も信じませんでしたね。ところがその日以降、米軍の飛行機が低く飛んでいても撃ってこない。それまではどんどん攻撃してきましたから、これはおかしいなと」

昭和二十一年（一九四六年）二月、ウエキさんは一家揃って日本に引き揚げた。船が着いたのは、神奈川県の久里浜であった。

「二月の日本は寒いと聞いていましたが、本当にびっくりしました。私たちは冬物の服なんか持っていないから、陸軍の毛布を縫ってオーバーにしてね。東京にも行きましたが、とにかく日本の街がことごとく空襲で焼けてしまっているのに驚きました。こんなにやられたのかと衝撃を受けました」

潜伏生活の終わり

一方、ペリリュー島で戦った歩兵第二連隊の永井敬司さんは、昭和二十一年（一九四六年）になっても地下壕で潜伏生活を続けていた。

「そういう教育を受けたと言ってしまえばそれまでですが、日本が負けるなんて思っていませんからね。米軍はしきりに『戦争は終わった』と投降を呼びかけてきましたが、私たちは信じませんでした。日本は必ず反撃に出ると考えていました」

海軍上等水兵だった土田喜代一さんもこう語る。

「私たちは日本が敗れたことも知らず、ひたすら友軍の助けを待っているような状態でした。『米軍に見つかれば、必ず殺される』と固く信じていました」

同じペリリュー島の島内で潜伏生活をしていた永井さんと土田さんであったが、陸軍と海軍の違いから二人は別の地下壕を拠点としており、直接の面識はなかったという。永井さんは当時の生活を次のように回想する。

「陸軍内も、二つのグループに分かれていました。米兵はマングローブの木などが生えている湿地帯にゴミを捨てるのですが、そこから食糧を漁ったりして食い繋ぎました。ある時、湿地帯でアメリカの雑誌を拾ったのですが、その誌面の中に軍艦の上で日本とアメリカが何かの式典をやっている写真が掲載されていましてね。英語のできる大学出の戦友に聞くと『降伏の調印式だ』と言う。それで少し『これはおかしい』とも思ったのですが、それでも結局、信用しませんでした。そんなはずがないと」

その写真というのは、昭和二十年（一九四五年）九月二日に戦艦「ミズーリ」の甲板上で行われた降伏文書調印式の様子を写したものだったのであろう。

一方の土田さんは、当時の潜伏生活をこう振り返る。

「米兵の数は減っていましたし、米軍から食糧も盗んでいたので、生活は少しずつマシになっていきました。意外と思われるでしょうが、壕の中には娯楽もあったんですよ。最も人気があったのが将棋。手先の器用な私が、段ボールを駒の形に切り、油煙で『金』『銀』

などと書きました。木を削って駒を作ったこともありましたよ。中には『俺は田舎二段だ』なんていう者もいましてね。『たいしたことはないだろう』と思っていたら、そいつがやたらと強くて歯が立たない。彼の手ほどきを受けた連中もメキメキと上達したりして、あれは悔しかったですね」

しかし、と土田さんが続ける。

「米軍からの投降を呼びかけるビラが増えていきました。島民も戻ってきており、彼らに聞いても『日本は負けた』と言う。しかし、私たちは『これは敵の戦術だ』『騙されるな』と。なかなか、判断が付きませんでした」

前方を見据えるようにしながら、土田さんが悲惨な事実を打ち明ける。

「そんな中、『日本はもう負けている。アメリカに投降しよう』と主張する戦友がいましてね。しかし、その彼は結局、上官に射殺されてしまいました。本当にひどい話です」

土田さんが米軍に投降したのは、実に終戦から一年半以上も経った昭和二十二年（一九四七年）四月のことであった。他の兵士たちに気づかれないように地下壕を抜け出し、一か八か米軍に投降したのであった。

米軍によって保護された土田さんは、日本がとっくに降伏している事実をようやく理解した。

「信じられない気持ちでしたが、『内地に帰れる』と思ったら涙が出てきましたよ」

しかし、島にはいまだ潜伏生活を続ける日本兵がいた。その数、軍属を含め三十三名である。

土田さんは米軍と共に、彼らの説得を試みた。日本にいる彼らの家族や友人から手紙を送ってもらうなどして、終戦を信じさせようとした。

今回の取材で、私はそんな手紙の一枚を確認することができた。残留兵の中の一人の弟が、ペリリュー島にいる兄に向けてしたためた手紙である。

〈拝啓若葉の候
兄さん元気で抵抗しているそうですが、
戦争は天皇陛下の大命によって昭和二十年八月十五日終戦になりました。
兄さんも一日も早く米軍に降伏し家へ帰ることを楽しみに待っております。（略）兄さん御安心下さい。御身体を大切に〉

潜伏を続ける兵士たちは、手紙の内容はもちろん、見覚えのある懐かしい筆跡を確認して、これらが偽物ではないことをようやく認めた。このような手紙が何枚も寄せられた結果、全員を投降させることができた。

最後に地下壕を出たのが、六人ほどいた永井敬司さんのグループであった。永井さんは力強くこう言う。

「私たちは決して捕虜ではありません。戦争中に敵に捕らえられたのならば捕虜ですが、私たちは戦争が終わった後に出てきたわけですから。捕虜になることは日本軍において最大の恥とされていましたが、私たちは最後まで戦いました。私たちは武装解除に応じただけです。米軍も『最後まで戦って実に立派だ』と讃えてくれました」

五月十五日、永井さんや土田さんを乗せた船が、横浜港に入港した。

その後、故郷の福岡県八女郡に戻った土田さんは、写真店を営んだ。

「平和な世の中が、ありがたくて、ありがたくて。無念の思いのまま散っていった戦友たちの分まで懸命に生きようと、それだけを考えていました。それが私の戦後です」

一方の永井さんは、次のように語る。

「戦争ほど悲惨なものはありません。そこにあるのは人と人との殺し合い。日本兵はもちろん、私たちが戦った相手のアメリカ兵にだって、その一人ひとりに親や兄弟がいたんですからね。そのことを考えると、胸が痛みます。戦争というのは本当に哀れなものです」

永井さんはこうも話す。

「私は春の終わりの頃、桜が散る季節になると、どうにもたまらない気持ちになるんです。それは、玉砕の時の『サクラ、サクラ、サクラ』という言葉と、戦友たちが散っていった場面がどうしても重なって思い出されるから。私にとって春というのは、とても悲しい季節なんです」

嫩江の悲劇

中川が率いた歩兵第二連隊は、ペリリュー島で戦い、そして散った。しかしその背後には、ペリリュー戦に埋もれるかたちでほとんど語られることのない秘話が存在する。

既述の通り、歩兵第二連隊はペリリュー島に派遣される前は満洲の嫩江《のんこう》という町に駐留していた。そして南方への転進組と、わずかな残留組に分かれたのである。

嫩江に残留となった将兵たちも、実はその後に様々な運命に翻弄されていた。彼らもペリリュー組と同様、過酷な日々を送っていたのである。

体調面の問題を理由に、中川から嫩江に残るよう命じられた鈴木実はその後、独立速射砲第十九中隊長を経て、第四軍直轄の第十二遊撃連隊第二中隊長となり、引き続き満洲にいた。

そんな彼が終戦の間際に直面したのが、ソ連軍の侵攻であった。精鋭部隊を南方に移していた関東軍は、日ソ中立条約を無視して侵攻するソ連軍の動きに対し、充分な対応をとることができなかった。鈴木の部隊はチチハルを経由し、ハルビンに布陣。しかし、ここで終戦となった。鈴木はこう記す。

〈明後日戦車を先頭にしたソ連軍が、ハルビン市に到達という時、八月十五日正午の「終戦詔勅」が発表になった〉（『ああ嫩江』）

だが、鈴木の悲劇はそれからであった。鈴木はその後、実に十一年三カ月もの間、ソ連に抑留されたのである。

◆

嫩江の町で兵隊たちから人気を集めた菓子店「いなばや」の木下梅子は、終戦間近のある日、嫩江に向かう列車に乗っていた。梅子は出産を控えた臨月という身重の状態であった。

しかし、その乗っていた列車が突然、ソ連軍の戦闘機による機銃掃射に見舞われた。梅子は他の乗客と共に、停車した列車の車両の下にもぐり込んだ。無数の銃弾が土煙を上げながら、梅子の目の前に突き刺さった。

結局、梅子は辛うじて難を逃れたが、嫩江の町は以降、臨戦態勢となった。梅子はこう記す。

〈夜になると、北の空は花火のように青い火が飛び交っており、寸時も心の休まることはなかった。「生命と財産は保証する」と言った精鋭の関東軍は南方に移動し（一四三部隊〝水戸二連隊〟も昭和十九年三月に南方に行った）、電気も夜だけ蛍火ほどの明るさで灯されるだけ。そしてラジオは全然入らない。これが戦争であるという実感が涌いた〉（『ああ嫩江』）

南方に兵力を割いた分、満洲における関東軍の守備力の低下は明らかであった。関東軍の中には、ソ連軍の侵攻に対して猛烈な反撃を試みた部隊もあったが、国境線の広い満洲で敵軍の侵入を防ぐことは極めて困難であった。

　そんな日々の中で梅子は「八月十五日に敗戦となり、隊長も自決したらしい」と聞いたが、にわかには信じられなかったという。

　やがて、梅子はとある憲兵から、三角に折った薬包紙を渡された。

「もしもの時には飲め」

という話だった。自決用の毒物であった。

　八月二十二日、ついにソ連軍が嫩江の町に侵攻。戦車や装甲車が続々と町に入ってきた。

〈不気味な「ゴウゴウ」という音をたてて家の前を百台も通り過ぎた。すると間もなく裏から表から朝鮮人や満人が大勢ガラスを割って、大声を上げながら家の中に侵入してきた。そして彼らは有無を言わさず、運送屋のように荷物（家財道具）をどんどん運んで行く。抵抗すれば殺されることは分かっているので、私たちは何ひとつ持たず着のみ着のまましかも裸足のまま一目さんに逃げる外なかった〉（同書）

梅子によれば、その日の夜は「阿鼻叫喚そのものの惨状」であった。逃げ遅れた人たちの中には、薬包紙を開けた者もいたという。

梅子はかつて歩兵第二連隊が駐屯していた兵舎内に逃げ込んだ。兵舎内には、他にも避難してきた日本人が多くいた。

梅子はそこで産気づき、出産。産湯もない中での出産であった。

その後、十五歳から五十歳までの男性は、ソ連軍に連行された。

梅子は他の者たちと共に収容所に送られたが、そこでは食事もろくに与えられなかった。若い女性はソ連兵によって次々と連れ去られた。五十歳以上の男性たちは鉄道工事などの使役に出され、凍傷を患う者が続出した。厳しい冬が訪れると、体力の衰えた子供たちから息絶えていった。

歴史に「イフ（if）」は意味がないとも言うが、もしも中川が主力部隊と共に嫩江の町にそのまま残っていたとしたら、状況は全く異なっていただろうと思わざるをえない。中川が米軍の上陸前にペリリュー島の住民を疎開させたことを考えれば、嫩江の民間人にも適切な対応がなされたはずであろう。もとより、精鋭の第十四師団が満洲に残っていれば、ソ連軍の侵攻に対する最大の抑止力となったに違いない。昭和史は大きく変わっていたのではないか。
結局、梅子が内地に戻れたのは、昭和二十一年（一九四六年）十一月のことであった。

戦後の兄たち

中川州男の長兄である斎《いつき》は、昭和十四年（一九三九年）七月から昭和二十二年（一九四七年）三月まで、玉名の高等女学校で教諭を務めた。受け持ちは「地歴（地理歴史）」であった。そんな斎の授業を戦後に受けたことがあるという隈部恭子さんは、かつての恩師についてこう振り返る。

「私たちはいつも『さい先生』と呼んでいました。白髪混じりで『穏やかなおじいちゃん』という雰囲気の方でした。授業は大学生を相手に講義するような感じで、試験もたくさんの問題を出すのではなく、『これについて述べよ』と一問だけ出るんです。戦争とか、そういった話はしていなかったと思います。州男さんについて話すようなこともありませんでした。そんな弟さんがいたことを、私はずっと知りませんでした」

隈部さんは頷きながら、次のように話を継ぐ。

「あの先生の弟さんならば、さぞ強い責任感を持ってペリリュー島で戦われたのでしょうという感じがします。なんとなくわかるような気がするんです」

教職を退いた斎はその後、郷土史家として自身の研究に没頭した。斎の孫である吉田睦子さんはこう話す。

「斎さんは私の家の隣に住んでいました。部屋はたくさんの本で埋め尽くされていて、そこでいつも筆を持って何か書き物をしていました。熊本城のことなどもいろいろと調べていました。でも、州男さんの話は聞いたことがありません」

◆

州男とは年も近く、幼少時より特に仲が良かった次兄の道之は、その晩年をキリスト教徒としての信仰の中で静かに過ごした。しかし、昭和三十九年（一九六四年）十月十日の午後九時半頃、満六十九歳の道之は眠るがごとく息を引き取った。

それは東京オリンピックの開会式があった日の夜であった。「平和の祭典」の幕開けを見届けてから、道之は逝った。

懐かしき再会

中川州男の妻・ミツエは戦後、横浜市鶴見区に住む甥の家で暮らした。

昭和四十三年（一九六八年）二月には、中川に勲二等旭日重光章が贈られた。

この年、ミツエはペリリュー島を訪問。パラオは戦後、国連の信託統治領を経て、アメリカの統治下に入っていた。ミツエはかつて夫が身命を賭して戦った島を歩き、忘れじの人を偲んだ。

同年五月五日には、陸軍士官学校の第三十期生やその遺族らによる「陸士三十期任官五十周年記念全国大会」が東京で催された。この昭和四十三年という年は、第三十期生が同校を卒業して陸軍少尉を任官した年から五十年目にあたっていた。

ミツエもこの会に遺族の一人として参加。参加者たちは靖國神社や千鳥ケ淵戦没者墓苑を参拝し、戦地に散っていった者たちの御霊の安寧を祈願した。ミツエは朝鮮駐留時代に家族ぐるみの交流があった藤村光雄とも、懐かしき再会を果たすことができた。この時の会の様子が、同会発行の「会誌」第八号に掲載されているが、そこにミツエはこんな文章を寄せている。

〈中川もよろこんでいることと、唯もう胸が一杯でございました。何処に行っても同期生と逢えるよろこびを語ってくれていたことを、今更のように想い出しました。生きておりますと、三十一年生れで七十才になりますと存じます。白髪でハゲる方でしたが、皆様の後から歩きながら、あの方位《くらい》かしらと一人想像して、一寸おかしくもなりました〉

独特の諧謔を交えながら、最愛の人の姿を懐かしく思い浮かべている。しかし、温もり溢れる文章であるがゆえに、そこには哀切さも漂う。普段は亡き夫についてほとんど話さなかったというミツエだが、この時ばかりは心が開かれる部分があったのであろう。

ミツエの晩年

昭和四十五年（一九七〇年）、中川州男の長兄である斎は「熊本県近代文化功労者」として顕彰された。「六十七年間、教育に献身すると共に、郷土史の研究に励んだ」というのが顕彰の理由であった。

そんな斎も、昭和五十一年（一九七六年）十一月十七日に逝去。満九十歳だった。

中川家の三兄弟は、こうしてそれぞれの生涯を終えた。

◆

ミツエはその後、横浜から熊本に転居した。中川澄子さんは、晩年のミツエと多くの時間を共に過ごした。

「ミツエさんは、州男さんのことについては本当にほとんど話さなかったですね。軍人の妻ということを表に出しづらい時代だったのかもしれません」

斎の孫である吉田睦子さんはこう話す。

「ミツエさんは横浜から戻ってきた後、私たちの家の近くに住むようになりました。ですから、よく遊びに行きましたが、州男さんの話は聞いたことがありません。ミツエさんはとても上品な方で、いつもお綺麗にされていました」

睦子さんの夫である吉田精華さんは、ミツエについて次のように語る。

「基本的にペラペラと喋るような方ではありませんでした。州男さんについてはもちろん、戦争に関する話なども聞いたことがありません。いつも落ち着いていると言いますか、冷静ですし、派手ではないですね。物静かな人だったという印象があります」

ミツエは俳句や川柳、生け花などを趣味とした。夫や戦争について黙したというミツエだが、彼女が詠んだ句の中には以下のようなものがある。

〈春苺まづ仏だんにひとり言〉

〈戦死せし亡き人しのぶ熊本弁〉

中川澄子さんは言う。

「ミツエさんは普段は穏やかな人でしたが、一度だけ仏壇の前で激しく鈴《りん》を鳴らしている姿を見たことがあります。やはり胸に秘めているものがあったのでしょう」

平成四年（一九九二年）、ミツエは改めてペリリュー島を訪問。夫の形見として、貝殻と砂を持ち帰ったという。パラオが独立を果たしたのは、それから二年後の平成六年（一九九四年）十月一日のことである。

ミツエは平成十四年（二〇〇二年）九月十八日、逝去。満九十六歳の大往生であった。

最終章　「戦争に勝者も敗者もない」

戦後七十年

「戦後七十年」にあたる平成二十七年（二〇一五年）、天皇皇后両陛下（現・上皇上皇后両陛下。以下、同）がパラオをご訪問されることになった。

パラオ本島に駐留した歩兵第十五連隊の一兵士であった尾池隆さんは戦後、慰霊のために三度にわたってパラオを訪れた。尾池さんの胸中には、戦後も常にパラオがあったという。尾池さんは両陛下のパラオご訪問に深い思いを寄せる。

「発熱のためにペリリュー島へ渡れなかった私ですが、今でもそのことを恥に思っています。亡くなった人たちに対して申し訳が立たないと、恥をかきながら生きております。ペリリュー島のことは、一日も忘れたことがありません。夜になると、ペリリュー島が出てくるんです。ペリリュー島の兵隊たちの顔が出てくるんですよ。兵隊は一生懸命よくやったんだ。あの時に備え付けた日本の大砲は、まだ空を向いて睨んでいますよ」

尾池さんが痩せた肩を震わせる。

「天皇陛下がパラオに行くなんて、英霊が涙を流して喜びますよ。あの悲惨な最期を遂げた戦友たちが、『よく来てくれました』と迎えてくれるだろうと思います。『日本のために死んだ甲斐があったわい』と、こう思うんじゃないか。嗚呼《ああ》、ペリリュー島の英霊がどれほど喜ぶかなあ」

両陛下はご訪問に先立って、かつてパラオで戦った元兵士から話を聞くことになった。こうして平成二十七年三月二十二日、皇居・御所に招かれたのが永井敬司さんと土田喜代一さんである。天皇陛下は前日からの発熱のために途中で退出されたが、皇后さまとのご懇談は四十五分ほどに及んだ。永井さんと土田さんは、パラオご訪問に対する心からの感謝の気持ちを伝えたという。土田さんはペリリュー島の戦いについて、改めてこう振り返る。

「十一回も御嘉尚をもらった戦闘のあったペリリュー島が、どうして今は誰も知らないようなことになっているのか、とても悲しく思っています。『私たち生き残りが、あの島の存在をしっかり語らねばならない』と強く感じています。ペリリュー島には『魂よ安らかに』との文字が刻まれた慰霊碑がありますが、これを建立した戦友会の人たちも今ではほとんど亡くなっています。『七十年も昔のことだから』というのもわかりますが、それでも命ある限りペリリュー島の戦いを語り継いでいきたい。そのために、英霊が私を残してくれたんじゃなかろうかと思っています」

土田さんの脳裏には、様々な思いが去来する。

「ペリリュー島というのは非常に小さな島で、普通の一般人でも行きづらい場所です。そこに両陛下が行かれるということになれば、靖國神社にいる戦友たちがビックリするんじゃなかろうかと思って。ですから、私としては靖國の英霊たちにもペリリュー島に行ってもらいたいわけですよ。『陛下がよもやこの島まで来られるとは夢にも思いませんでした。ありがとうございました』と御霊は喜び、そして再び靖國神社に帰られるでしょう。どれだけ英霊たちが感激されるだろうかと思っています」

九十五歳の老紳士は、最後にこう言って笑みを見せた。

「両陛下のご訪問に合わせて、私もペリリュー島を再訪します。年は取りましたが大丈夫。行かずにはいられません。英霊たちと一緒に喜びたいと思います」

両陛下のパラオご訪問

平成二十七年(二〇一五年)四月八日、東京の空には早朝から季節外れの雪が舞っていた。

天皇皇后両陛下のパラオご訪問という歴史的な節目に、私は同行取材できることになった。すでに前乗りで現地入りしているプレスなどを除くと、同行記者団は三十名ほどだったが、その大半はテレビや新聞といった大手メディアの方々で、フリーランスの書き手は私だけであった。

同行記者団は、両陛下と同じ機体に搭乗することが許された。空港で早々に搭乗手続きを済ませた私たちは、先に機内に乗り込んで両陛下のご到着を待つかたちとなった。

機体は全日空のチャーター機であった。本来ならば大型の政府専用機を利用して然るべきであろうが、パラオの空港の滑走路が二千二百メートルほどと短いため、小型の民間機が使用されることになった。

やがて両陛下がご搭乗された。と言っても、両陛下は機体の前方部に乗られたため、区切りを隔てた後方に座る私たちにそのご様子はわからなかった。

パラオまでは四時間半ほどのフライトである。パラオは日本のほぼ真南に位置するため、時差もない。途中、息を呑むようなエメラルドグリーンに輝く珊瑚礁が見えた時には、記者団から思わず感嘆の声が漏れた。

チャーター機が到着したのは、パラオ本島のロマン・トメトゥチェル国際空港である。この空港の所在地はアイライ州であり、すなわちこの地は戦時中に尾池隆さんやミノル・ウエキさんがモッコを担いで建設した飛行場を元に改築された空港施設であった。

同行記者団は両陛下よりも先に機体から降りて、空港ターミナル内の指定の場所でしばし待機することになった。

両陛下は機体の左前方に接続されたボーディング・ブリッジから、空港ターミナルの二階に入られた。その後、両陛下はエレベーターで一階に降りられ、そこでパラオ共和国のレメンゲサウ大統領夫妻の出迎えを受けた。私たちの同行取材はここから始まった。

ターミナル内では、両国の国歌演奏などの歓迎式典が催された。ターミナルから御料車へと移動する際には、島の児童たちから両陛下に花束が贈られた。

両陛下はその日、水族館（パラオ国際サンゴ礁センター）を観て回られた後、歓迎レセプション及び晩餐会に臨まれた。ガラマヨン文化センターで催された晩餐会の場において、陛下は次のようなご答辞を述べられた。

「先の戦争においては、貴国を含むこの地域において日米の熾烈な戦闘が行われ、多くの人命が失われました。日本軍は貴国民に、安全な場所への疎開を勧めるなど、貴国民の安全に配慮したと言われておりますが、空襲や食糧難、疫病による犠牲者が生じたのは痛ましいことでした。ここパラオの地において、私どもは先の戦争で亡くなったすべての人々を追悼し、その遺族の歩んできた苦難の道をしのびたいと思います」

それまでの「慰霊の旅」もそうであるが、陛下は常に国の違いを超えたかたちで、すべての犠牲者に哀悼の意を捧げられる。それが陛下の深いお気持ちなのであろう。

陛下はこの夜、私たち同行記者団にまで柔らかな表情を向けられ続けた。しかし、例えば会場を移動している際や、会話と会話のちょっとした合間などに、時おり疲労の一端が滲むような場面があったようにも感じた。ご高齢をおしてのご訪問である上に、体調が万全ではないという話も漏れ伝わっていた。「慰霊の旅」の実相は、決して容易なものではなかった。

その晩、両陛下は治安や受け入れ態勢の問題から、ホテルではなく海上保安庁の巡視船「あきつしま」に宿泊された。同船は平成二十五年（二〇一三年）に就航した世界最大級の巡視船で、全長は約百五十メートルにも及ぶ。この船中泊については両陛下が、

「宿泊は船内でも構わない」

とご見解を示された結果であるという。

白きアジサシ

翌九日、両陛下は「あきつしま」に搭載された大型ヘリコプターで、ペリリュー島に移動される予定であった。私たち取材陣は、それよりも先に高速ボートを使ってペリリュー島に入ることになっていた。

高速ボートが「ロックアイランド」と呼ばれる海域を南下していく。石灰岩の小さな島々が点在するこの辺りは、日本統治時代には「パラオ松島」と呼ばれていた。今では「ロックアイランド群と南ラグーン」として、世界遺産リストにも登録されている。しかし、この美しい海の底には、日本軍の艦船が幾つも眠ったままになっている。

ペリリュー島に到着した私たちは、用意されたマイクロバスに分乗し、ヘリコプターが到着する予定の滑走路へと移動した。この千六百メートルに及ぶ滑走路は、ペリリュー戦の際、まさに日米両軍の間で激しい争奪戦が繰り広げられた飛行場の跡地である。

やがて、抜けるような蒼天の彼方に、一機の大型ヘリコプターがその姿を現した。始めは点の燦めきのようだったその機影は、少しずつ大きくなっていった。後に皇后陛下は、ペリリュー島に向かう途中の光景として、こう詠まれている。

〈逝きし人の御霊かと見つむパラオなる海上を飛ぶ白きアジサシ〉

ヘリコプターの機内から、白いアジサシが海上を飛ぶ光景を認めた皇后陛下は、その姿にこの地で斃れた人々の御霊を重ねたのである。皇后陛下は戦後六十年の際にサイパン島を訪れた折にも、バンザイクリフでアジサシを見ている。その時の思いと合わせて詠まれたに違いない。

やがてヘリコプターがゆっくりと滑走路に着陸した。ヘリコプターの白い機体には青と水色の横線が入っており、「JAPAN COAST GUARD」の文字が記されていた。

プロペラが止まると、機体に小さなタラップが付けられた。わずか五段のその白いタラップには、赤い絨毯が敷かれていた。

少しの間があった後、天皇陛下が機内から姿を現された。陛下は「アイランドフォーマル」と呼ばれる白の開襟シャツに、グレーのズボンという服装であった。

「西太平洋戦没者の碑」に供花される両陛下

次いで、皇后陛下が出てこられた。皇后陛下は上下白の正装であった。

「天皇の島」と呼ばれたこの島の地を、ついに天皇皇后両陛下が踏みしめられた。戦後七十年、日本とパラオ両国にとって、そして我が国の近現代史にとって、大きな意味のある一歩であった。

両陛下は専用のマイクロバスに乗り込まれた。マイクロバスは休む間もなく、ペリリュー島の南端に位置するペリリュー平和公園内の「西太平洋戦没者の碑」へと移動。両陛下はこうして式典に臨まれた。

天皇陛下はこのご訪問に合わせて来島していた土田喜代一さんにも、優しく話しかけられた。

「ご苦労さまでした」

土田さんの戦争はこの時、ようやく終わったのかもしれない。

◆

そんな光景を伝えるテレビ中継の画面を、元歩兵第二連隊の永井敬司さんは、茨城県の自宅で食い入るように見つめていた。永井さんはこう語る。

「あの島に両陛下が行かれたということは、まさに感動の極みであり、涙が自然と溢れ出ました。もうペリリュー島のことなど忘れ去られてしまったと思っていたのですが、違ったのですね。泉下の戦友たちも、心から喜んだと思います」

◆

次に両陛下は「米陸軍第八十一歩兵師団慰霊碑」をご訪問。慰霊碑に白い花輪を供えて黙禱された。

両陛下は隣接するオレンジビーチにも歩を進められた。米軍が上陸する際、熾烈な戦闘が繰り広げられた海岸線である。

両陛下はその後、「ペリリュー・リトリート・ハウス」と呼ばれるサマーハウスで、島民たちとのご懇談に臨まれた。歴史的なご訪問はこうして無事に終わり、両陛下はこの日のうちに帰国された。

同行記者団も両陛下と共に日本に戻ったが、私はそのままパラオに残り、取材を続けることにした。

一枚の木綿袋

私はひとまず、ペリリュー島からコロールへと戻った。大半のメディア関係者が帰国したコロールの町は、特別な喧騒から普段の空気を取り戻しつつあった。

コロールでは日本語がよく通じる。すでに現地語となって日常的に使用されている日本語の単語も多い。「ヨロシク」「ダイジョウブ」などがそうである。ビールを飲む時には「ツカレナオス（疲れ治す）」と言う。

コロールには日本統治時代の建造物も多く残っている。南洋庁パラオ支庁だった建物は、最高裁判所として使用されている。

そんなコロールの町で、一人の日本人女性にお話を伺った。天皇皇后両陛下が「西太平洋戦没者の碑」をご訪問された折、戦没者の遺族の一人として両陛下と対面することができた浅田春美さんである。愛知県在住の浅田さんは、両陛下のパラオご訪問に合わせて来島。浅田さんは両陛下に、父親の遺品である木綿の袋を見せたという。

「かつて米兵がペリリュー島から持ち帰ったという手縫いの袋です。十七年前の平成十年に、アメリカから返還されました。この袋を両陛下にお見せしながら、『これが私と父親の絆となる証しでございます』という話をさせていただきました」

浅田さんの父親は、海軍の兵士としてペリリュー島の戦いに参加し、戦死。三十三年の生涯を終えた。その当時、浅田さんはまだ五歳だった。

「私がまだ母のお腹の中にいる時に、父は出征しました。私の春美という名前は、父が『男の子か女の子かわからないが、どちらでもこの名前を付けてほしい』と母に託した名前だそうです」

春美さんが生まれた後も、父親は各地を転戦。家に帰ることは滅多になかった。よって、春美さんには父に関する直接の記憶がない。

そんな父親が遺したのが、この一枚の木綿袋であった。血糊と思われる滲みと共に、氏名などが記されている。アメリカ側から日本の厚生労働省を通じて、返却されたものだという。

「皇后さまからは『アメリカからですか?』と尋ねられました。私は『父親の顔も知りませんので、これは父親との唯一の絆であり、我が家の宝として大事にしております』というふうに答えました。天皇陛下はそのやりとりを見守っていてくれたような感じだったと思います」

オレンジビーチへ

両陛下のパラオご訪問について、前駐日パラオ大使であるミノル・ウエキさんに改めて尋ねた。日系パラオ人であるウエキさんは、巧みな日本語でこう話す。

「戦後、私は駐日パラオ大使として日本におりました。しかし、その時、日本の高官や役人と話していても、パラオのことを知らない人がとても多かったんです。私はそんな時はいつも『パラオは忘れられてしまったんだなあ』と寂しく思いました。そして、『パラオは約三十年も日本だったんですよ』と繰り返し言ってきたんです」

ウエキさんが続ける。

「しかし、天皇陛下はパラオのことを忘れていなかったのですね。それが本当に嬉しいんですよ。個人的にとても感動しています。一度、サイパンをご訪問された時、パラオまでは来ることができませんでした。それ以来、私たちはずっと待っていたんです。本当に光栄に思います」

◆

私はコロールでスピードボートをチャーターし、再びペリリュー島に渡った。人口六百名ほどの小島には、両陛下がご訪問された時とは別世界のような安閑とした時間が流れていた。

この日の取材には、パラオで三十年近く現地ガイドなどを務めてきた菊池正雄さん（67歳）に同行していただいた。菊池さんは両陛下がオレンジビーチをご訪問された際、その案内役を務めた人物である。菊池さんはその時の様子をこう回想する。

「私が想像していたよりも両陛下の歩みが早かったので、考えていたことを充分に話す時間がありませんでした。私が『慰霊に来てくださり、日本の人たちも嬉しいと思います』と話すと、陛下は『ありがとう』と答えられました」

現在のオレンジビーチは、白砂の海岸線が緩やかに続く静かな浜となっている。打ち寄せる波の音が、鎮魂歌のように響く。

だが、島民たちはこの浜で泳いだり、漁をすることはしないという。このビーチがかつて大量の血に染まった過去を、彼らは忘れていない。

私は両陛下が供花された「西太平洋戦没者の碑」も改めて訪れた。菊池さんはこの慰霊碑についてこう話す。

「碑の上部には窪みがあり、そこに雨水が溜まる設計になっています。この島で命を落とした兵士たちの多くが『水を飲みたい』と言って亡くなりましたから。そして、足元の土台の部分には、矢印の付された雲のオブジェがあります。矢印が指しているのは日本の方角。つまり、この碑には『水を飲み、雲に乗って、迷うことなく祖国に帰ってほしい』との願いが込められているのです」

皇后陛下との握手

ペリリュー島の道路には亀裂や窪みが多く、車で走っているとかなりの振動を感じた。これは両陛下の乗られたマイクロバスの後ろを同行している際には、あまり感じなかったことだった。聞けば、両陛下が通る予定の道路のみ、島民たちがあらかじめ総出で亀裂を埋めるなどの整備を施していたのだという。その他の道は凸凹のままであったため、私は再訪時になってようやく道路事情の悪さに気がついたのであった。

◆

ペリリュー島に住むマユミ・シノヅカさん（76歳）は、両陛下が島内のサマーハウスを訪れた際、島民代表の一人として懇談する機会に恵まれた。その時のことを、マユミさんは現地のパラオ語でこう語る。

「天皇陛下から名前と年齢を聞かれました。私はとても緊張しながら、それに答えました」

マユミさんは今度は日本語で、呟くようにして言った。

「嬉しかった」

マユミさんは、皇后陛下と握手をしたという。皇后陛下については、同じく日本語でこう話す。

「キレイ。凄くキレイ」

マユミさんに戦時中のことを聞くと、

「少しだけ覚えている」

と言う。

マユミさんの一家は、戦前からペリリュー島で暮らしていた。マユミさんの父親は日本人で、母親はパラオ人であった。

父親は南洋興発で働いていた。南洋興発は製糖事業や水産業、貿易業などを手がけた日本の株式会社で、マユミさんの父親はリン鉱石を採掘する仕事に従事していたという。

しかし、米軍の上陸作戦が始まる直前に、一家は日本軍の命令に従って他の島に疎開。この疎開がなければどうなっていたか、マユミさんは時々そのことを思って怖くなるという。

マユミさんの一家は、終戦の翌年にペリリュー島に戻った。その時のペリリュー島は、どのような様子だったのだろうか。

「前と違うよ。木がない」

マユミさんは日本語でそう表現する。あまりに変わり果てた島の姿に、マユミさんは心から驚いたという。日本軍の疎開命令によって命は助かったが、家や財産などはほぼ失われた。

その後はずっとペリリュー島で生活し、現在は島内でホテルや食堂を営んでいる。マユミさんはパラオ語でこう語る。

「ホテルには遺骨収集のために訪れる日本人も泊まりますが、景気は良くないですね。島に住むパラオ人は、どんどん減っています。以前は五つほど集落がありましたが、それが今では一箇所だけになってしまいました」

ペリリュー島には仕事がない。若い子はコロールに出てしまうという。

マユミさんが営むホテルの敷地内には、日本の「鯉のぼり」がはためいていた。

島に残るご遺骨

ペリリュー島内には、日本軍の戦車や砲台の跡が今も数多く残る。

両陛下がヘリコプターで到着された飛行場の近くには、九五式軽戦車の残骸が放置されている。

錆びついた装甲の厚さは、わずか十二ミリほど。強く叩けばへこみそうなほどで、あまりに頼りない印象を受ける。

一方、米軍の戦車も同じく島内で風雨に晒されているが、こちらの装甲は見るからに頑丈で、手で強く押してもビクともしない。この装甲の厚みの差が、先の大戦の現実を残酷なほど象徴しているように思える。

中川州男の「中」の字から命名された中山の山腹には、密林の中に無数のドラム缶が並べられた場所があった。これはかつて防弾のための塀として築かれたもので、その奥には

放置された九五式軽戦車

海軍が設置した砲台の跡が残る。経年によって腐食しているものの、砲口は今も空を向いていた。

◆

イサオ・シゲオさん（76歳）は、ペリリュー州の首長。パラオでは伝統的な首長制度が存続しており、彼らに政治的な実権はないものの、社会的な権威は今も大きい。首長は世襲制だという。

ペリリュー島には日本人慰霊碑が幾つも建立されているが、イサオさんはそれらを維持するための支援を続けている。

「戦争が終わって七十年も経ちました。ペリリューは美しい島。こんな島に戦争があったことを、日本人もアメリカ人もパラオ人も忘れてはいけません」

　恬淡とそう語るイサオさんは、島に残されたままになっている日本兵の遺骨収集にも協力している。

　この島で息絶えた約一万人の日本兵の内、二千二百柱以上のご遺骨がいまだ祖国に帰国できずにいる。現在、不発弾の危険性から二百近い地下壕や洞窟が閉鎖されている状態だが、パラオ政府は今後、それらを開放して遺骨収集に協力する意向を示している。

　平成二十七年（二〇一五年）三月には、「イワマツ壕」と呼ばれる横穴が新たに開放された。この時の収集作業は日本の厚生労働省の職員によって進められたが、不発弾の処理を担当したのはイギリスのNGO「CLEARED GROUND DEMINING」であった。同団体のスティーブ・バリンジャーさん（47歳）はこう語る。

「私たちの団体は、世界各地で不発弾や地雷の処理を行っていますが、パラオの状況はとても深刻です。イワマツ壕では主に日本軍の手榴弾などを回収しました。その作業の過程で、壕の入口付近で二体、内部で四体、計六体の日本兵の遺骨を発見しました」

　ペリリュー島に残存する不発弾の総量は、一説には千四百トン、手榴弾およそ二百八十万発分にも及ぶと推計されている。

地下壕への潜入

私も実際に、幾つかの地下壕に潜ってみた。

土田喜代一さんがいたという壕にも入った。ヘッドライトの明かりを頼りに、蒸し暑い壕の内部を這うようにして進むと、腐食した水筒や飯盒などが転がっているのが目に入った。土田さんたちの幾重もの苦難が偲ばれ、震える思いがした。

入口付近の岩壁が黒く焼け焦げている地下壕も多くあった。米軍の火炎放射器の凄まじい威力を物語る光景である。壮絶な戦闘の痕跡に、思わず言葉を失う。

◆

中川州男が自決したとされる壕は、大山と呼ばれたペリリュー島最高峰の山岳地帯の奥深くにある。車では行くことができないため、切り立った崖に囲まれた谷間の道を歩く。米軍側はかつてこの道を「死の谷」「スナイパー通り」などと呼んだ。渓谷の両側に隠れた姿の見えない日本兵から不意に狙撃されるのだから、その恐怖は甚大だったに違いない。

ペリリュー戦の当時は米軍の猛烈な砲火により禿山のようになったという山岳部だが、今では本来の姿に戻ってすでに久しい。鬱蒼と茂る木々を両側に見据えながら、細い山道を進む。所々、赤いテープが貼られている場所があるが、これはそこに不発弾があることを示している。

やがて、壕の入口にたどり着いた。ペリリュー戦時、連隊本部として使用されていた大きな地下壕である。

入口の脇には、戦没者の遺族らによって建立された石碑がある。碑面には「鎮魂」の二文字が刻み込まれていた。

ヘッドライトの電源を入れ直してから、何かに吸い込まれるようにしてゆっくりと内部に足を踏み入れる。中川もかつて見た闇との対面であった。

遺骨収集のために何度もこの島を訪れている水戸二連隊ペリリュー島慰霊会事務局長の影山幸雄さんによれば、今から四十年ほど前までは、壕内に木製の床や壁、天井の跡などが残っていたという。木材を組んで部屋をつくっていた痕跡である。影山さんは言う。

「壕の下の方にある清水池という小さな池から、ポンプで水を汲み上げて使用した水道管の跡も昔は残っていました」

ここで中川は日々、何を思っていたのであろう。側近や部下たちとの一体感の中にあったのか、それとも孤独に苛まれながらの指揮であったのか。

目の前の漆黒が、戦争の闇のようにも感じられる。

◆

しかし、実際に中川が自決したのは、さらに奥にある別の壕だという説が近年では有力になっている。その説によれば、連隊本部壕に見切りをつけた中川は、その後に四箇所もの地下壕を転々としたという。その四番目の地下壕が、中川が自決した本当の場所だというのである。

私はその壕まで足を延ばした。その壕へ向かうには、さらに険しい道を登っていく必要があった。道と言っても「道なき道」である。起伏のある岩の連なりを、両手両足を使って登らなければならない場所もある。岩肌には、無数の銃痕が刻まれていた。

ようやくたどり着いたその地は、高い岩壁によって四方を取り囲まれた窪地のような場所であった。その中にある岩の裂け目が、壕の出入り口だという。

壕は隣り合うようにして二箇所ある。一つは中川がいたとされる指揮壕で、もう一つは通信壕であったとされる。「サクラ」の連送も、この通信壕から発せられたのだろうか。

指揮壕の内部へと入る。元々はかなりの広さがあったらしいが、米軍の爆破によって埋もれてしまった部分が多い。加えて、入口から縦に急な構造になっているせいか、土砂が多く流れ込んでいる。自由に動ける場所はわずかであった。

壕の内部は、奇妙な静寂に包まれていた。中川がいた時には激しい砲音や爆音が四方から響いていたのであろうが、今では極めて静かな場所である。壕内には、波の音も小鳥のさえずりも届かない。ましてや誰の声も聞こえない。そう、誰の声も。

死者たちは声を出せない。恐ろしいほど何も聞こえない。

私はいまだ聞いたことがない中川の肉声に思いを馳せた。そして、彼の墓の中にいるような不思議な感覚の中で、静かに手を合わせた。

ナカムラ元大統領が語る戦争

私はその後、再びスピードボートに乗り込んで、ペリリュー島からコロールへと戻った。

一九九三年から二〇〇一年にかけてパラオ共和国の大統領を務めた日系パラオ人のクニオ・ナカムラ氏は、終戦直後の一九四六年、一家揃って日本に引き揚げた。

しかし、日本での生活も困難の連続だった。敗戦後の日本に充分な食糧や物資はなかった。

結局、日本で三年ほど過ごした後、一家はパラオに帰郷。だが、緑豊かだったペリリュー島は、無惨な荒れ地と化していた。

ナカムラ氏は時おり、「天皇陛下」「戦争」「そうですね」「本当」といった日本語の単語を交えながら、英語でこう語る。

「両陛下のパラオご訪問は、私にとってこの上ない喜びでした。私は過去に日本を訪問した際、天皇陛下に何度かお会いしたことがあります。私は天皇陛下を非常に尊敬していま す。天皇陛下は他の国の王様とは異なる役割で、日本だけでなく多くの外国の人々からも尊敬されていますが、中でもパラオ国民の思いには特別なものがあります。私は両陛下がパラオにご到着された日に行われた晩餐会に、元大統領として出席しました。その時、天皇陛下から『いろいろな国の良いところを学びながら、すばらしい国をつくっていってください』という意味のことを言われました。本当に感激しました」

ナカムラ氏の語気が熱を帯びる。

「両陛下は翌日、ペリリュー島を訪れ、記念公園で祈りを捧げましたね。その時、日本の旗とペリリュー州の旗がたくさん振られていたでしょう？　あれが島民の気持ちです。みんなの夢が叶いました。信じられません。ペリリュー島の島民にとって、このご訪問は非常に大きな誇りとなりました。今回のご訪問は慰霊が目的ということで、戦争の終わりを告げたものだと思います。日本とパラオ、両国にとって新しい始まりになりました。ペリリュー州は、両陛下がご訪問された四月九日を、州の祝日にしようということで合意しました」

戦争について、ナカムラ氏はこう語る。

「戦争は人間の一部であり、争いを完全に避けることはできません。家族の間でさえ、争いごとは起きるものです。しかし、戦争に勝者も敗者もない。あるのは犠牲者ばかりです。アメリカが戦争に勝ったとはいえ、アメリカ人にも多数の戦死者が出ています。ペリリュー島のオレンジビーチには、毎年のようにやってくるアメリカ人の老婆がいました。その方の息子さんがオレンジビーチで戦死したという話でした。彼女は息子さんのIDタグを探し続けていたのです。もちろん、日本にも大変な被害が出ました。そして、戦争の舞台となったペリリュー島は何だったのでしょう？　私たちパラオ人は？　勝者も敗者もないのです。それでも人間は歴史を忘れてしまう。パラオでも若い人たちは、戦争についてあまりよく知りません。大事なのは『忘れてはいけない。そして許す』ということ。『戦争の痛みを忘れず、その上で相手の過ちを許す』という態度です」

多くのパラオ人が日本の統治時代を肯定的に受け止めていることは、これまでに述べてきた通りである。しかし、日米両軍の熾烈な戦闘によって、パラオ人に多大な苦難が及んだ事実を、私たちは忘れてはいけない。

北原尾にて

宮城県の蔵王町には、パラオゆかりの場所がある。パラオから帰国した私は、晩春の某日、その地へと向かった。

蔵王山麓の高原地帯に位置するその地区は、名を「北原尾《きたはらお》」という。戦後、パラオから引き揚げてきた者たちが、集団で移住した土地である。「いつまでもパラオを忘れないようにと」との思いから、この地名が付けられたという。引揚者の一人である佐崎美加子さん（82歳）はこう話す。

「私は昭和七年に北海道で生まれたのですが、五歳の時に一家揃ってパラオに移住しました。父はパラオでお菓子屋や郵便局員をやった後、コロールにある南洋庁の土木課に勤めていました。私たちの自宅はコロール島のすぐ隣のマラカル島にあって、私は小さなポンポン船を使ってコロールの小学校に通っていました。戦争が始まる前までは、本当に楽園のような場所でした。食べ物も豊富にありましたよ。ですから、まさかその後にあんなことになるとは、夢にも思っていませんでした」

開戦後、佐崎さんの生活は変わっていった。

「空襲の時には、防空壕に避難しました。私の家は大丈夫でしたが、あちこちやられていましたね。海に死体がプカプカと浮いているのを見たこともあります。その後、私たち一家はマラカル島からパラオ本島の清水村、そして大和村へと疎開しました。とにかく食べ物がなかったので、芋の葉や蔓、あとはヘビやネズミなども食べました」

終戦後の昭和二十一年（一九四六年）二月、佐崎さんたちは内地に引き揚げた。引揚船が着いた先は、神奈川県の久里浜である。その後、千葉県の習志野を経てたどり着いたのが、北原尾地区であった。パラオからの引揚者には全国八箇所に受け入れ先が設けられたが、北海道と東北の出身者は北原尾地区に入植することになっていた。この地区への最終入植者の数は三十二戸、約百三十人であった。

佐崎さんは入植時、十四歳。以降、パラオ時代とは全く異なる生活が始まった。

「私も開墾作業を手伝いました。雑木林を伐採するんです。やっぱりパラオとは別世界でしたね」

入植者たちは篠竹を刈り取り、笹小屋を建てて、そこで暮らした。佐崎さんは言う。

「小屋の中からでも空は見えるし、風は入ってくるし、ひどいものでした。冬になると、小屋の中まで雪が吹き込んできました。吹雪の夜なんて、寝ている間に床も掛け布団も真っ白になってしまうんです」

南洋の温暖な島から引き揚げた者たちが直面したのは、東北地方の耐え難い寒さであった。

「日本でこんなに苦労するとは思いませんでした」

電気もなく、ランプに頼る生活だった。米の配給だけでは足りず、入植者たちは山菜を採って飢えを凌いだ。

それでも入植者たちは懸命に働いた。当初は小豆や麦、馬鈴薯などの畑作が行われた。農具や肥料、農薬などが足りず、焼畑をして収穫量の確保に努めた。

畑仕事ができない冬には、製炭に精を出した。しかし、入植者たちの中にはこの地に見切りをつけ、北海道やブラジルに渡っていった者たちもいたという。

徐々に生活も落ち着いてきた昭和二十八年（一九五三年）、東北地方は深刻な冷害に見舞われた。翌年も続けて冷害となり、作物の収穫はほとんどできなかった。

そんな中、牧草だけが枯れることなく青々と伸びていた。これに気づいた入植者たちは、乳牛を中心とする酪農への転換を決意。この決断が、彼らのその後の生活を切り拓いた。

現在の北原尾は、豊かな酪農地帯となっている。私の訪問時、なだらかな牧草地の脇では、かつて入植者たちが植えたという桜の木々が、遅めの花びらをふわりと咲かせていた。

穏やかな色合いに彩られた北原尾の桜を仰ぎながら、私は西太平洋に浮かぶあの小島について、改めて思いを巡らせた。

サクラ、サクラ、サクラ。

あとがき

茨城県水戸市に茨城県護国神社は建つ。創建は昭和十六年（一九四一年）十一月である。同神社には御祭神として、幕末以来の県内の戦没者である六万三千四百余柱が祀られている。境内には多くの鎮魂碑が並ぶが、その中には「ペリリュー島守備部隊鎮魂碑」も含まれる。

これは平成五年（一九九三年）に建立されたものだという。水戸二連隊ペリリュー島慰霊会事務局長の影山幸雄さんはこう話す。

「建立の際には、中川大佐の奥様であったミツエさんが、五百万円も寄付してくれました。強い思いがあったのでしょう」

鎮魂碑の脇に立つ石灯籠の裏側には「中川ミツエ」の名前が刻まれている。

だが、その石灯籠も平成二十三年（二〇一一年）の東日本大震災の際には崩れてしまったという。

「バラバラに吹っ飛んでしまいましてね。本当にひどかったです」

影山さんはその後、自費でこの石灯籠を修復した。

影山さんは毎年、政府派遣の遺骨収集でパラオを訪れる。平成三十年（二〇一八年）には、四十五柱を収集した。

「ご遺骨の収集は決して容易なことではありませんが、それでも天皇皇后両陛下のご訪問以降、予算が増えた関係でペースは上がっています」

平成三十一年（二〇一九年）一月の時点で、これまでに七千七百九十一柱のご遺骨を収容してきたという。戦史叢書に記載される一万二十二名という戦没者数から計算すると、残りのご遺骨は二千二百三十一柱ということになる。

「パラオ政府は遺骨収集に関してとても協力的です。その点はフィリピンやインドネシアとは異なります」

その国の政治状況によって、遺骨収集の進捗は大きく左右される。影山さんは言う。

「ペリリュー島では集団埋葬地が見つかりました。この場所での収集が平成三十一年度から本格的に始まりますので、順調に進めば収容数は一気に増える見込みです」

ペリリュー島を占領した米軍は、島じゅうに横たわる日本兵の遺体への対応に苦慮した。

そこで米軍は遺体をダンプカーなどで集め、穴を掘ってまとめて埋めた。影山さんによれば、その場所を特定できたのだという。

「最後のお一人まで収容したいというのが私たちの願いです。私はそれは可能だと信じています」

影山さんの力強い言葉には、果てなき信念が宿っていた。

◆

中川州男の墓は、熊本県熊本市北区にある。熊本城のそびえる中心地から、北東に三キロほど離れた立田山《たつだやま》の中腹に建立されている。

標高約百五十メートルの立田山には遊歩道や公園が整備され、市民の憩いの場所となっているが、中川の墓は人通りのある地域からは離れた一角にある。立田山配水池という施設の脇の小さな名もなき墓地の中に、中川の墓碑はひっそりと立っている。

墓地というよりも墓群である。ネット上の地図などで確認しても、墓地として表示されない。

蜘蛛の巣を払って、雑木林の中を進む。私の訪問時、周囲に人の姿は一人もなかった。

しばらく探した後、「中川州男大佐之墓」と記された案内板を見つけることができた。

この案内板は、平成二十四年（二〇一二年）に建てられたという。

案内板に従って進むと、ついに墓碑にたどり着くことができた。墓前には献花の他、水の入ったペットボトルと、ウイスキーの瓶が置かれていた。花はまだ瑞々しく、近い日に訪れた人がいたことを示していた。

墓石の正面には「徹心院義道良勇居士　誠心院徳室貞良大姉之墓」と刻まれている。中川州男とその妻であるミツエの、それぞれの法名である。

この墓を建てたのはミツエであった。墓石の裏面には「昭和二十八年十一月中旬　妻中川ミツエ建立」とある。この時、ミツエはまだ健康であったが、早々に法名をもらい、夫と共に眠ることができる墓を建立したのだという。中川の姪である澄子さんはこう説明する。

「子供もいないし、お墓だけはつくっておこうということで、ミツエさんが建てられました。ただし、中川家の墓は元々、お城勤めの武士だった頃からそこにあったという話です。ですから、昔からの中川家の墓の隣に、新たにミツエさんが建立したということになります。しかし、州男さんの遺骨はそこにありません。お墓の下には、遺骨ではなくペリリュー島の砂が埋めてあると聞いています」

澄子さんによれば、生前のミツエはこう話していたという。

「部下の皆さまのご遺骨がまだ戻っていないのに、指揮官の骨を戻してもらうこともできないものね。夫もそのほうが安心すると思う」

墓地からは、熊本の市街地を見渡すことができる。

平成二十六年（二〇一四年）二月には、元海軍上等水兵・土田喜代一さんがこの墓地を参拝。土田さんは墓前で、

「嗚呼《ああ》」

と声を漏らし、嗚咽しながら合掌したという。

平成二十八年（二〇一六年）四月、熊本の地は震度七を観測する大地震に見舞われた。街は今も復興の途上にあるが、そんな郷土を中川は立田山より見守っている。

平成三十年（二〇一八年）十月十五日には、土田喜代一さんが肺がんのためにこの世を去った。九十八歳であった。

天皇の御代《みよ》替わりを待つことなく、土田さんは戦友たちのもとに逝った。

参考文献

升本喜年『愛の手紙』熊本日日新聞社
久山忍『戦い　いまだ終わらず』産経新聞出版
堀江芳孝『闘魂・ペリリュー島』原書房
ユージン・B・スレッジ『ペリリュー・沖縄戦記』講談社学術文庫
ロバート・レッキー『南太平洋戦記』中央公論新社
堀栄三『大本営参謀の情報戦記』文藝春秋
寺尾紗穂『あのころのパラオをさがして』集英社
防衛庁防衛研修所戦史室『戦史叢書　支那事変陸軍作戦〈1〉』朝雲新聞社
防衛庁防衛研修所戦史室『戦史叢書　中部太平洋陸軍作戦〈2〉ペリリュー・アンガウル・硫黄島』朝雲新聞社
澤地久枝『ベラウの生と死』講談社
宮内庁『昭和天皇実録　第九』東京書籍
水戸歩兵第二聯隊史刊行会編『水戸歩兵第二聯隊史』
船坂弘『ペリリュー島玉砕戦』光人社NF文庫
船坂弘『秘話パラオ戦記』光人社NF文庫
船坂弘『聖書と刀』文藝春秋
船坂弘『玉砕　暗号電文で綴るパラオの死闘』読売新聞社

参考文献

児島襄『天皇の島』講談社
児島襄『指揮官』文春文庫
NHK「戦争証言」プロジェクト『証言記録　兵士たちの戦争2』NHK出版
平塚柾緒『証言記録太平洋玉砕戦』新人物往来社
平塚柾緒『写真で見るペリリューの戦い』山川出版社
平塚柾緒『証言記録　生還』学研
平塚柾緒『玉砕の島　ペリリュー生還兵34人の証言』PHP研究所
茨城郷土部隊史料保存会他編『栄光の軍旗』大盛堂書店出版部
黒田勝弘・畑好秀編『昭和天皇語録』講談社学術文庫
岡村青『サクラサクラサクラ　玉砕ペリリュー島』光人社NF文庫
星亮一『アンガウル、ペリリュー戦記』河出書房新社
チェスター・W・ニミッツ、エルマー・B・ポッター『ニミッツの太平洋海戦史』恒文社
ジェームス・H・ハラス『ペリリュー島戦記』光人社NF文庫
リー・ラトル『軍医の戦争』マルジュ社
荒井利子『日本を愛した植民地』新潮新書
ゆき恵・ヒアシュ『「玉砕の島」ペリリューから帰還した父』潮出版社
山崎幸一郎編『ああ嫩江』嫩江友の会

早坂　隆（はやさか　たかし）
1973年、愛知県生まれ。ノンフィクション作家。著書に『昭和十七年の夏　幻の甲子園　戦時下の球児たち』『戦場に散った野球人たち』（いずれも当社刊）、『指揮官の決断　満州とアッツの将軍　樋口季一郎』『永田鉄山　昭和陸軍「運命の男」』『松井石根と南京事件の真実』（いずれも文春新書）など。日本文藝家協会会員。

文春新書

1222

ペリリュー玉砕《ぎょくさい》
南洋《なんよう》のサムライ・中川州男《なかがわくにお》の戦《たたか》い

2019年6月20日　第1刷発行

著　者　　早坂　隆
発行者　　飯窪成幸
発行所　株式会社　文藝春秋

〒102-8008　東京都千代田区紀尾井町3-23
電話（03）3265-1211（代表）

印刷所　理想社
付物印刷　大日本印刷
製本所　大口製本

定価はカバーに表示してあります。
万一、落丁・乱丁の場合は小社製作部宛お送り下さい。
送料小社負担でお取替え致します。

ISBN978-4-16-661222-2